ムスタン

曼荼羅の旅

写真　松井亮

文　奥山直司

目次

ムスタン

曼荼羅の旅

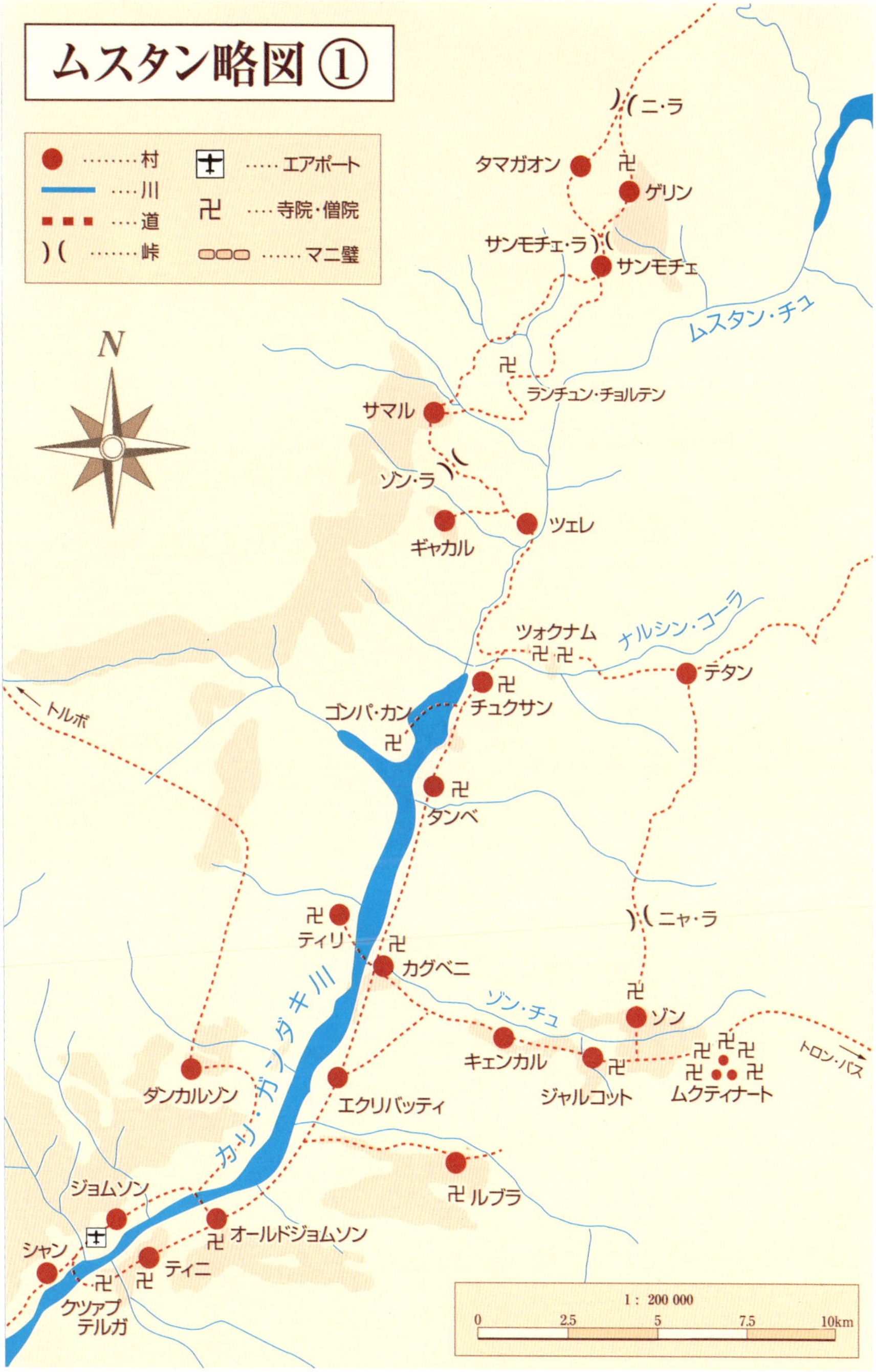
ムスタン略図①
村
川
道
峠
エアポート
寺院・僧院
マニ壁
N
ニ・ラ
タマガオン
ゲリン
サンモチェ・ラ
サンモチェ
ムスタン・チュ
ランチュン・チョルテン
サマル
ゾン・ラ
ツェレ
ギャカル
ツォクナム
ナルシン・コーラ
テタン
チュクサン
ゴンパ・カン
トルボ
タンベ
ニャ・ラ
ティリ
カグベニ
カリ・ガンダキ川
ゾン・チュ
ゾン
キェンカル
ジャルコット
ムクティナート
トロン・パス
ダンカルゾン
エクリバッティ
ルブラ
ジョムソン
オールドジョムソン
シャン
ティニ
クツァプ
テルガ
1 : 200 000
0
2.5
5
7.5
10km

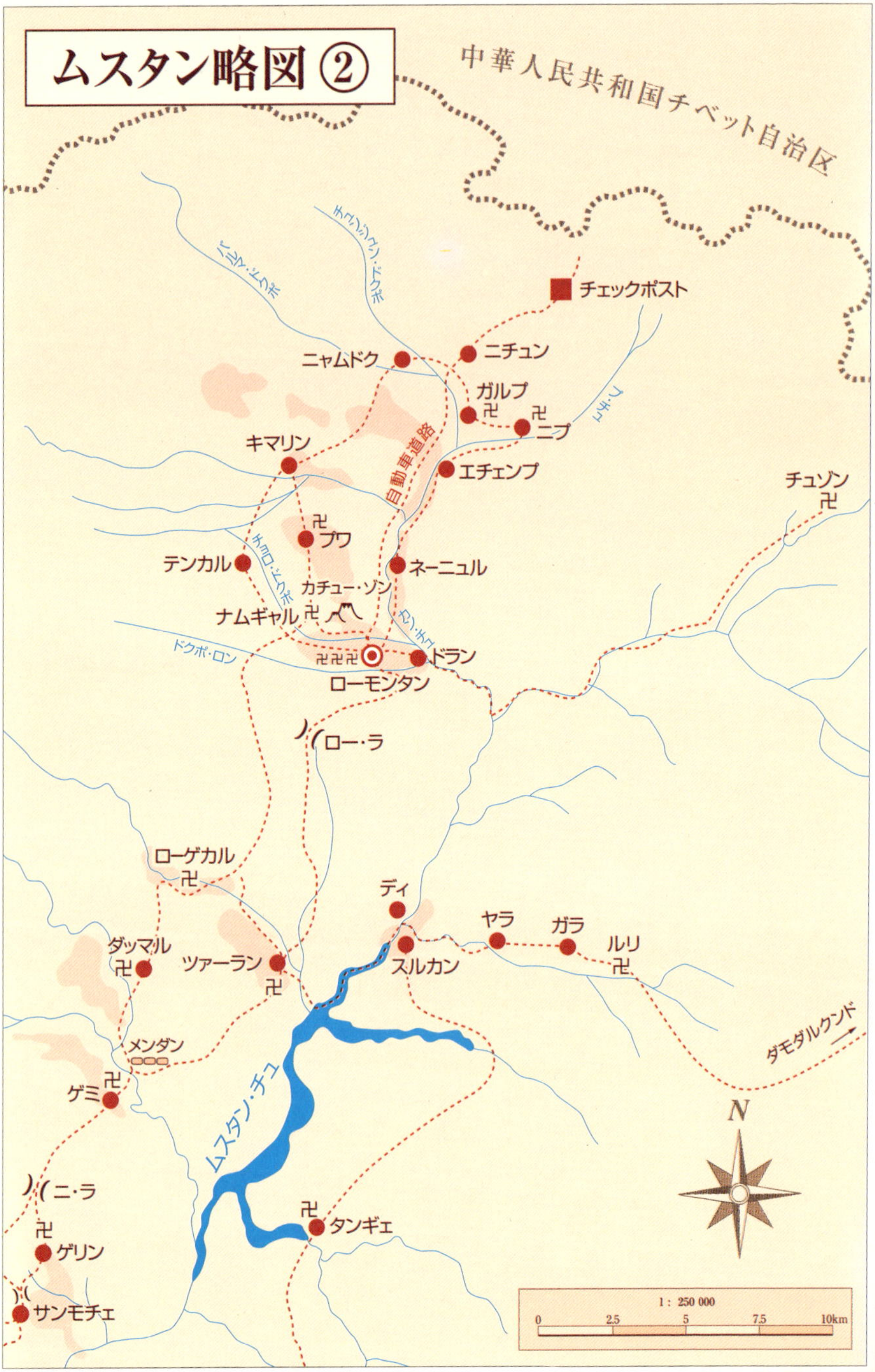

ムスタン略図②
中華人民共和国チベット自治区
チェックポスト
ニチュン
ニャムドク
ガルプ
ニプ
キマリン
エチェンプ
自動車道路
プワ
テンカル
ネーニュル
カチュー・ゾン
ナムギャル
ドクポ・ロン
ドラン
ローモンタン
ロー・ラ
チュゾン
ローゲカル
ディ
ヤラ
ガラ
ルリ
ダッマル
ツァーラン
スルカン
メンダン
ダモダルクンド
ゲミ
ムスタン・チュ
ニ・ラ
タンギェ
ゲリン
サンモチェ
N
1：250 000
0
2.5
5
7.5
10km

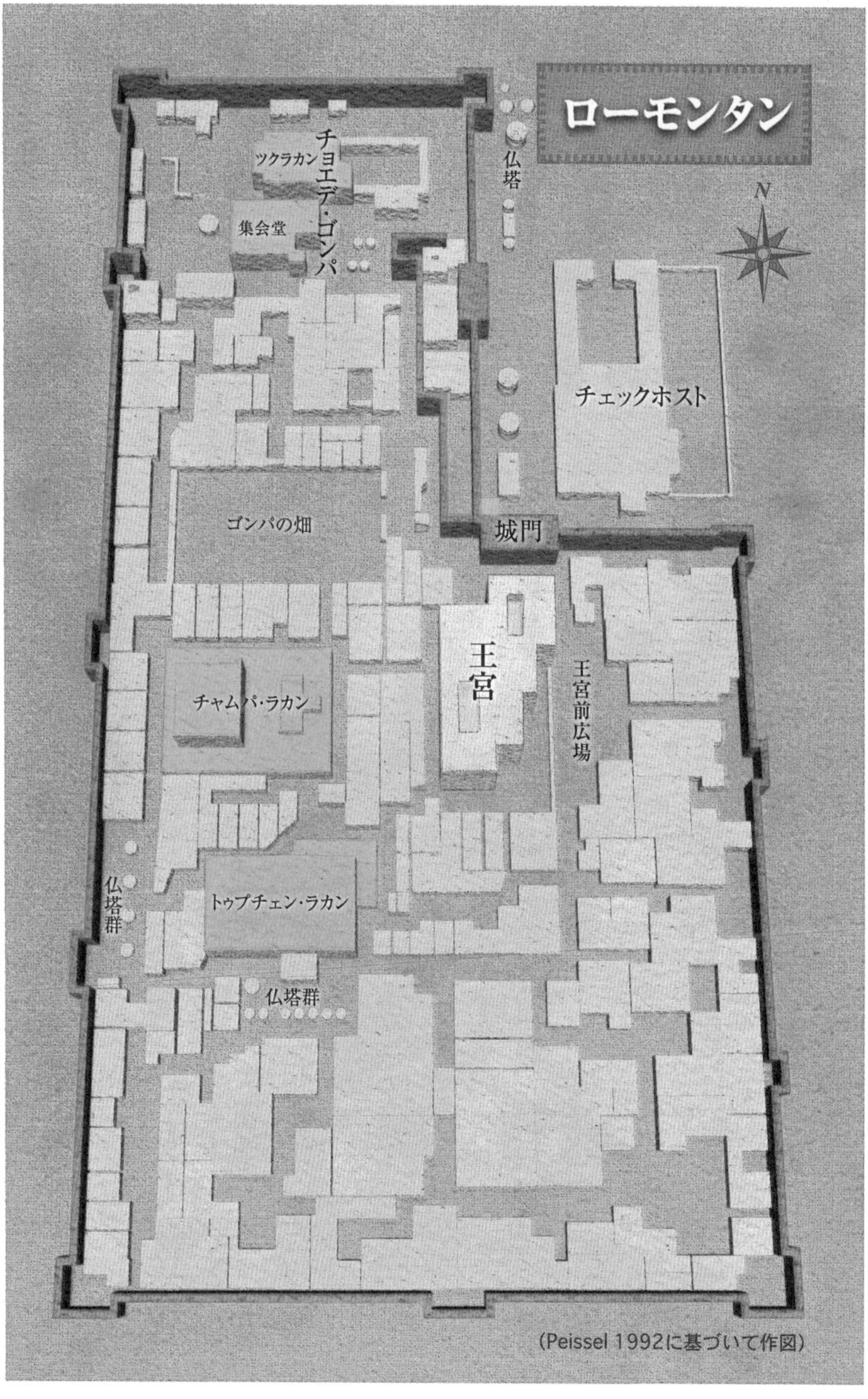

(Peissel 1992に基づいて作図)

ネパール
ローモンタン
ムスタン
ジョムソン
ポカラ
カトマンドゥ

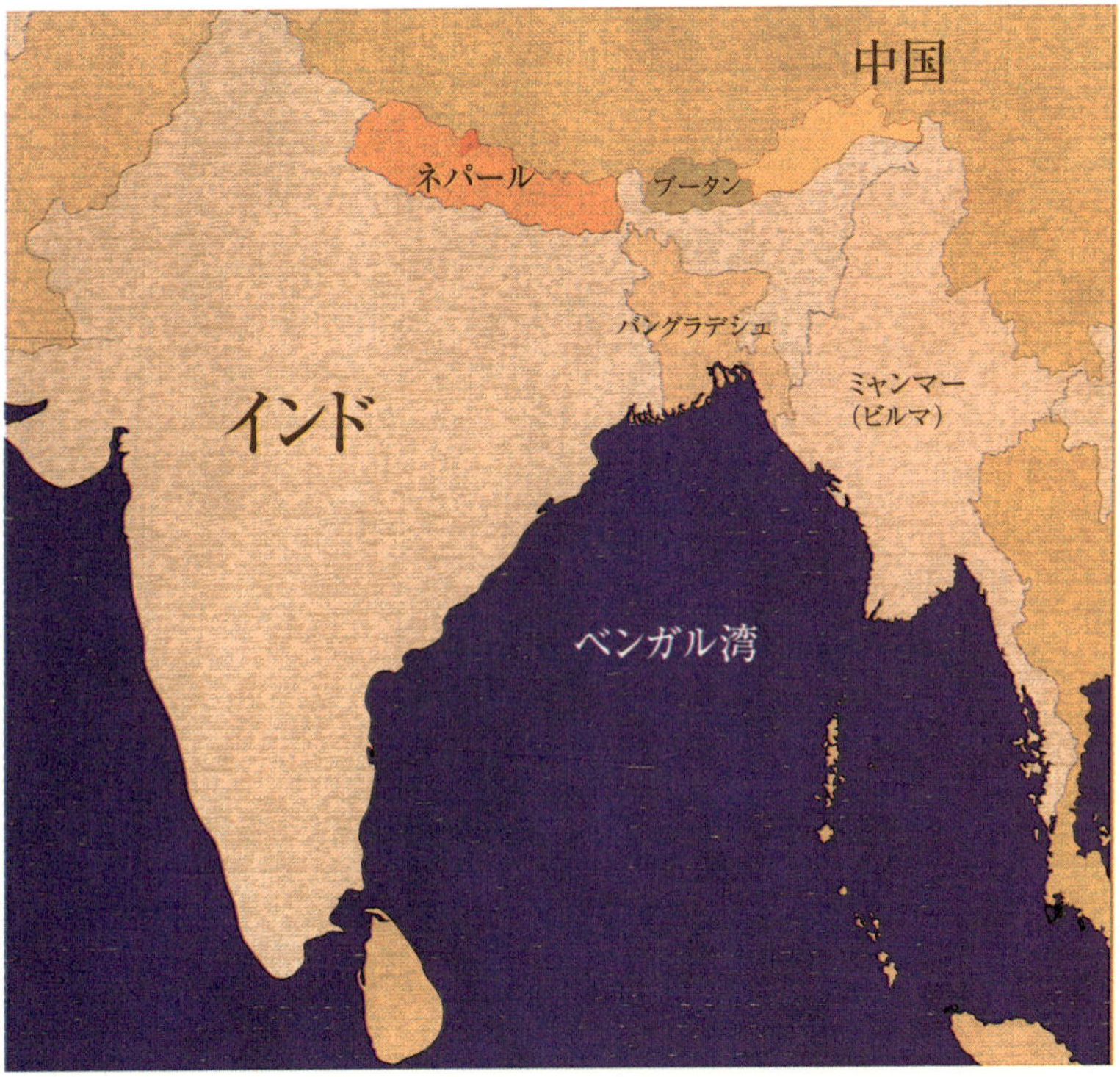
中国
ネパール
ブータン
バングラデシュ
ミャンマー
（ビルマ）
インド
ベンガル湾

装丁　吉田悟美一
山影麻奈
地図デザイン　池田　稔

はしがき

ヒマラヤ山脈の主脈の北側、カリ・ガンダキ川の上流にムスタン（チベット語名ロー）はある。カリ・ガンダキは、海抜四五〇〇メートルの高地に源を発し、東のアンナプルナ山群と西のダウラギリ山群との間に、地上最も深い峡谷の一つを造って南下している。この川の最上流部に位置するムスタンは、標高がおおむね海抜三〇〇〇メートルを超える冷涼乾燥地帯である。その住民はロー族と呼ばれ、民族的・歴史的・文化的にチベットとの結びつきが強い。この土地の中心は城郭都市ローモンタン（海抜三七六〇メートル）である。

ムスタンは何世紀もの間、独立の王国であった。この国は、北のチベット文化圏と南のインド文化圏とを結ぶヒマラヤ交易によって栄えていた。カリ・ガンダキとその支流が形成した広大な河谷の中には、古くからチベット高原とネパール・インドとを結ぶ道が開け、人と物資と情報の往来があった。主な交易品はチベット産の岩塩であり、そのためこの道はソルト・ルート（塩の路）と呼ばれることがある。

ムスタンは十八世紀の末にネパールの版図に入るが、その後も歴代のムスタン王が自治を行なってきた。現在のムスタン王ジクメー・パルバル・ビスタは、ネパール政府から「ムスタン・ラジャ

（王）」の称号を許された最後の人物となる見通しだ。

周囲から隔絶されて独立性が強く、しかも政治的な理由から長らく外国人の立ち入りが禁じられてきたためであろう。ムスタンにはチベット仏教を基盤とするヒマラヤの伝統文化が、まるでタイムカプセルのように残されている。

一九九一年十月、およそ三十年ぶりでムスタンへの外国人の入域が許可された。それから九年、「ヒマラヤ最後の禁断の王国」は今、急速な変化の波に洗われている。

私たち二人は、このようなムスタンの過去と現在に強い関心を抱き、一人は写真家として、また一人は仏教学者として、その文化財を記録・調査してきた。衰微の影の濃いヒマラヤ仏教圏の中にあって、仏教王国ムスタンの存在は学術的に極めて貴重である。さらにこの地域の雄大な自然とそこに暮らす信仰心の厚い人々の姿は、私たちを魅了してやむことがない。

ムスタンの旅を、私たちは密かに「マンダラ（曼荼羅）・トレッキング」と呼んでいる。こう呼ぶのは、それがすばらしいマンダラに出会える山の旅であるからばかりではない。この旅そのものが大きなマンダラの中を巡礼するような体験でもあるからだ。

二〇〇〇年五月、私たちはムスタンに入り、各地の寺院・王宮などを調査した。これはその時の「マンダラの旅」の記録である。

第一章　地上最深の谷間

旅立ち

二〇〇〇年五月二日、午前六時三十分、悪天候のため一晩順延されたコスミック・エアー機は、トリブヴァン空港を離陸すると、西北西に針路を取り、朝靄の底に沈むカトマンドゥ盆地を後にした。

この十九人乗りのドイツ製双発プロペラ機の乗客は六人。そのうち五人が私たちのパーティーである。すなわち、写真家の松井亮《あきら》さん（六一歳）、読売新聞文化部記者の片岡正人さん（三七歳）、カトマンドゥの旅行代理店の社長で、今回の旅のサーダー（トレッキングのガイド兼シェルパ頭）を務めるトラさんことラジェンドラ・タクリさん（四五歳）、ネパール政府の連絡官N氏（三三歳）、そして私（四三歳）である。昨日の夕方、空港で辛抱強く出発を待っていたポカラやジョムソンの人々は、フライトの延期が決まると、飛行機をキャンセルして夜のうちに車でポカラに向かったらしい。

松井さんとトラさん、二十年近い付き合いのこのコンビこそ、私にとってムスタンへの導き手だ

った。二年前の一九九八年六月、私は松井さんの依頼を受けて、はじめてムスタンを訪れた。ムスタンの文化遺産に果たしてどれほどの価値があるのか、専門家の目で一度確かめてもらいたい、というのが依頼の内容だった。コマーシャル写真が本業の松井さんは、トラさんの紹介でカトマンドゥでムスタン王に面会したことをきっかけに、この「禁断の王国」にのめり込んだ。一九九一年の開放以来、すでに五回もムスタンを訪れ、その文化遺産を写真に収める仕事を続けている。

一方トラさんは、ムスタンのジャルコット（チベット語名ザル）王家の出身である。ラジェンドラはネパール語の名前で、本名はチベット語でペマツェリンという。一年半ほど東京で暮らしたことがあり、日本語には不自由しない。

前回、私たちは、全行程二週間という時間的制約から、カトマンドゥからヘリコプターで直接ムスタンの中心都市ローモンタンに飛び、そこから馬で麓の町ジョムソンまで下りた。この旅で私は、ムスタンの仏教文化の豊かさに驚嘆した。と同時に、それがまさに消滅の瀬戸際にあることに大きな危機感を覚えた。

あれから二年、幸いに財団法人ハイライフ研究所の理解を得て、再び旅立つことができた。第一回調査に引き続いて予備調査を行ない、文化財保存のための協力の可能性をさぐること。これが私に課せられた任務であった。

飛行機は、谷間から稜線まで丹念に開かれた段々畑や水の涸れた川筋、山の斜面に点在する家々の上空を飛んでいる。ヒマラヤは雲に隠れて見えない。行く手には雲海が広がっている。

白い糸のように走る街道を見下ろしながら、私は、かつてカトマンドゥからムスタンへの道をた

ムスタンに咲く青い罌粟（けし）。ヒマラヤを代表する花である。
7月から8月にかけてのムスタンは高山植物の花盛りだ。

かれた仏典を求めての旅立ちであった。
どった一人の旅人のことを想った。日本人僧侶河口慧海《かわぐちえかい》（一八六六—一九四五）である。慧海は、当時鎖国状態にあったチベットへの入国を志し、一八九七年（明治三十年）六月二十六日、単身神戸を出港した。釈迦の真実の教えを明らかにするために、チベット語・サンスクリット語（梵語《ぼんご》）で書かれた仏典を求めての旅立ちであった。

インドのダージリンで一年五ヵ月にわたってチベット語を学んだ後、慧海は、一八九九年一月下旬に中国僧と称してネパールに潜入し、カトマンドゥ盆地の中央にある大仏塔ボードナートに滞在して、ヒマラヤ越えのルートに関する情報を集めた。そして目を付けたのが、ムスタンを経由してチベットに入る道であった。慧海が白馬にまたがり、四人の従者を従えて、カトマンドゥ盆地を後にしたのは、同年三月初旬のことである。

慧海にとってこの旅は、一つの学校であり、修行の道場であった。彼は、南アジア世界から中央アジア世界へと、スケールの大きい独学の旅を続けながら、真に独創的な自分というものを作り上げていった。

突然、右手前方に白い大山塊が姿を現わした。マチャプチャレ（六九九三メートル）とアンナプルナ山群（主峰アンナプルナI、八〇九一メートル）である。飛行機はまもなく機首を下げ、ポカラの飛行場に向かって降下しはじめた。

ポカラは、かつてチベットとインドを結ぶ塩交易の中継地として栄えた風光明媚な山間の町である。今や国際的な観光都市となり、ペワ湖畔を中心にホテルやレストランが立ち並んでいる。この町の標高は、海抜八〇〇メートルから九〇〇メートル。ここから七、八〇〇〇メートルの高峰が直

夕刻ポカラから眺めたマチャプチャレの雄姿。この峰の彼方、
アンナプルナの大山塊の向こうにムスタンはある。

接展望できることが、ポカラ観光最大のセールスポイントである。しかし今は、槍の穂先のように尖ったマチャプチャレも、その背後に居並ぶ雄大なアンナプルナの山々も、薄いベールを掛けたように霞んでいる。これは今の時期としては珍しいことらしい。一昨日の夕刻、カトマンドゥに近づく飛行機の窓に稲妻が光ったのを思い出した。今年は天候不順で季節の巡りが一月ほど早いと、ネパールに詳しい松井さんも首をひねっている。

空港ビルの二階のテラスでお茶を飲んでいる間に、カトマンドゥから私たちを乗せてきた飛行機が、ジョムソンを往復して戻ってきた。その機がまた本日二回目のジョムソン行となる。

ポカラからジョムソンへのフライトは、ヒマラヤの「白き神々の座」を間近に見る大パノラマ飛行である。アンナプルナ山群、ダウラギリ山群の突兀《とっこつ》とした峰々が、刻一刻、その姿を変えてゆく。マチャプチャレも、巨大な魚が天に向かって尾ビレを突き立てたような、頂上が二股に分かれた山容を披露してくれる。これが「魚の尾《マチャプチャレ》」の名の由来である。

ポカラからおよそ二十分、途中からカリ・ガンダキ川上空を北に進んだ飛行機は、谷間の小さな土の飛行場に下りた。

ジョムソン

対岸に峨々《がが》たる雪峰がそびえている。ニルギリ・ヒマール（七〇六一メートル）である。針葉樹に覆われた山麓から、地層が斜めに走る氷結した岩壁をいくつか過ぎて、鋭く尖ったピークに達する

飛行機がジョムソンの小さな飛行場に降りた。対岸には
ティニの村、その上には雪を頂くニルギリがそびえている。

まで、その全体があまりにもくっきりと見えているため、素人の私にもすいすいと登ってゆけそうな錯覚を起こさせる。

ジョムソン（ジョモソン、二七二〇メートル）は、チベット語名をゾンサルバ（「新しい城砦」の意）、地元名をゾンサムという。この地方では、このように一つの村に複数の名前があることが珍しくない。地名に使われる言葉も、チベット語、ネパール語、チベット語とネパール語のミックス、あるいはそれらの変形と様々である。かつてネパール北部の地図を作成したインド測量局の技師たちが、恣意的な方法で地名を表記したり、新しい地名を創り出したりしたことが、この混乱に拍車をかけている。

ジョムソンはダウラギリ県ムスタン郡の行政の中心である。ムスタン郡は、ジョムソンのある下ムスタンとサンモチェ・ラ（峠）以北の上ムスタンに分けられている。上ムスタンこそ、ムスタン王が直轄するローの国、私たちが目指すムスタン王国である。ただし特別許可を必要とする地域は、サンモチェ・ラよりも遥かに下手のカグベニから始まる。

ジョムソンから上には自動車では行けない。場合によってはヘリコプターも利用できるが、地上での移動は馬か徒歩に限られる。ジョムソンにしても、たまに見かけるのはトラクターだけである。自動車道路は遥か下流のベニまでしかきていないのだ。

先着していたシェルパたちが出迎えてくれる。彼らのリーダー格は、東ネパール・ソル出身のラッパ・シェルパだ。彼らはカトマンドゥからバスを乗り継いでベニまでくると、そこでポーターを十数人雇い、ジョムソンまで荷物を運び上げて、私たちの到着を待っていたのである。

ジョムソンは、カリ・ガンダキ川に架かる橋を渡った上手のオールド・ジョムソンと、飛行場に近い街道筋の新開地に分かれている。私たちは、飛行場のゲートを出ると、街道を少し歩いて、オムス・ホームのレストランに入った。オムス・ホームは、タカリー系の一族が経営する瀟洒なロッジ兼レストランである。

タカリー族は、ヒマラヤの商業民族として知られている。かつて彼らは、チベットからの岩塩の輸入を独占して巨利を得ていた。一九六二年、中国政府によってヒマラヤ国境が全面閉鎖され、伝統的なヒマラヤ交易は衰退した。タカリーは大打撃を受け、多くの人々が南部への移住を余儀なくされた。しかし彼らは、やがて持ち前の才覚を発揮して様々なビジネスに進出し、多くの成功を収めている。

トレッキング開始

このレストランで、私は青木一浩さん（六二歳）と遠藤哲夫さん（四二歳）に初めて顔を合わせた。青木さんは福島県須賀川市にある知的障害者更生施設の理事長、遠藤さんはそこの職員である。二人は独自にムスタン行を計画して十日前に関西国際空港を出発した。その機内で、カトマンドゥに先乗りする松井さんと所用で日本にきていたトラさんの二人と知り合った。四人は意気投合し、ムスタンに同道することになったのである。

これですべてのメンバーが揃った。日本人五人、連絡官、ガイド、シェルパ、コック、キッチ

ン・ボーイ（コックの助手）、カメラ・ボーイ（松井さんの機材を運搬する）、馬方を合わせた総勢十数人に、馬六頭、ラバ九頭を加えた「大部隊」である。

私たちがレストランにいる間にも、荷物を積んだラバたちが、カラン、カランと乾いた鈴の音を響かせながら先発していった。馬の鈴はチーン、チーンと澄んだ高音を響かせ、ゾ（ヤクと牛との一代雑種）の鈴はゴロン、ゴロンと腹に響くような低音を出す。鈴の音によって何がどれほどやってくるのかを聞き分ける工夫である。

いよいよ出発という時になって、私は馬方の中にまだあどけない顔をした少年が一人混じっているのを見つけた。聞いてみると、カグベニのレッドハウス・ロッジの従業員の息子で、名前はツェワン、年は数え年で一三歳、ローモンタンに行くのは初めてだという。なるほど、十三という数字には意味があると私は思った。チベットでは、古代王国以来、一三歳は馬に乗るのが許される、いわば元服の年なのである。必要な時に馬に乗れなければ、馬方は勤まらない。結局ツェワンは、私たちと共に全行程を歩き通し、旅が終わる頃には少したくましくなったように感じられた。ツェワンにとってこの旅は、一種の通過儀礼の役割を果たしたのかも知れない。

オムス・ホームの前に馬がきた。ポニーほどの小型馬である。はじめにトラさんが馬の乗り方を簡単に説明する。それが終わると、すぐに出発である。前回の経験から、この辺りの馬は賢くておとなしく、まったく安全な乗り物であることは分かっている。大切なのは鐙《あぶみ》の吊り革の調整である。長すぎるとふんばりがきかない。短すぎると膝に負担が掛かり、馬から下りても、しばらくは歩けないほど痛む。

私の馬は栗毛で、名前はチャムパ。馬体が他の馬より一回りも大きい。ラッパ・シェルパが、「これはいいウマねぇ」と片言の日本語で話しかけてくる。チャムパ（慈悲深い者）とはそれから二週間あまり付き合ったが、その名の通り、実に優しくて辛抱強い馬であった。

私たちは一列になってネパール軍の駐屯地の側を通り、カリ・ガンダキに架かる橋を渡って、オールド・ジョムソンの宿場町を過ぎると、四角いチョルテン（チベット式の仏塔）の立つ村外れから、カリ・ガンダキの河原に下りた。

エクリバッティ

ムスタンは今早春を迎えている。季節がらカリ・ガンダキは水量が少なく、川床を行く「冬の道」を通ることができる。峡谷の斜面を上り下りする「夏の道」に比べて、これは遥かに楽で早い道である。

広い河原をカリ・ガンダキ（黒い川）の名の由来となった黒ずんだ水が、分かれたり合わさったりしながら流れている。この谷間は乾燥が激しい。両岸には岩山が迫り、その岩肌にヒマラヤの造山運動の巨大なエネルギーを示す地層の大褶《しゅうきょく》曲を覗かせている。岩山のあちらこちらからは、すさまじい風化作用によって細かく砕かれた岩石が谷に向かってなだれ落ちている。そしてその斜面を黄色や白のつぼみと鋭い棘《とげ》をつけた高山植物の群落が無数の点となって覆っている。

午後一時十五分、ジョムソンを出てから一時間半で、最初の宿場エクリバッティ（二八五〇メート

ル）に着いた。エクリバッティとは、ネパール語で一軒茶屋という意味である。文字通りバッティ（茶屋兼宿屋）が一軒しかないことから付けられた名前であるが、現在ではゲストハウスが数軒に増え、石垣で囲まれたキャンプ場もある。ホテル・ヒルトンなど有名ホテルと同じ名前を付けたものがあるのもご愛敬だ。

そのうちの一軒に入り、レストランで何杯もお茶を飲む。高山病対策のポイントの一つは水分の補給にある。意識的に水を多く取り、出す。最近ではダイアモックスという利尿剤の併用が勧められている。

サンルームのような窓から対岸を眺めやると、小高い段丘の上に緑といくつかの家が見える。ダンカルゾンらしい。一九〇〇年六月中旬、下流のマルパ（マルファ）村を出発した河口慧海は、ダンカルゾンに二泊した後、険阻な峠を西に越えて、トルボ地方に入った。彼がネパールとチベットを分ける国境の峠にたどりついたのは、七月四日のことである。人間にとって百年は長い。しかしこの谷を支配する地質学的時間から見れば、それはついこの間の出来事といってよいだろう。

外は午後になって風が出はじめたようだ。ダウラギリとアンナプルナという地球上で最も高い山々が東西に屏風のように立ち並ぶ地形は、その南側の低地と北側の高地との間に大きな気圧差を生む。そのため大気は上昇気流となってカリ・ガンダキ峡谷に流れこみ、この細長い谷間を南から北へ猛烈な風となって吹き抜けるのである。

カグベニ

エクリバッティから三十分でカグベニ（二九〇〇メートル）に到着する。カグベニは、カリ・ガンダキと東のムクティナート方面から流れてくる支流ゾン・チュ（チュはチベット語で川の意。ゾン・チュは「ジョン・コーラ」とも呼ばれる）との合流点に開けた村である。カグベニのカグ、否むしろカクは、チベット語で「封鎖、妨げ」といった意味に取れる。ベニはネパール語で合流点を指す。

村の外には用水路を巡らせた灌漑畑が広がり、小麦の穂が風になびいて光っている。刈り入れは一ヵ月以上先の六月半ばであろう。この辺りは、冬に小麦・大麦、夏に蕎麦を栽培する二毛作地帯である。

カグベニの南の出入口は、道の真中に立つカンニと呼ばれる塔門である。この種の門は悪魔の侵入を防ぐためのもので、それ以外の防衛機能はない。実際、馬も人もカンニの両脇を通り抜けて行く。通路の天井は中央が一段高くなっており、そこにマンダラ（曼荼羅）が描かれている。

馬から下りてこの門を潜ってみた。入口はとても低い。身を屈めて進むと、天井に描かれた色鮮やかなマンダラが目に飛び込んできた。中央に一際大きなマンダラがあり、その周囲の格子状の区画に小さなマンダラが八個並んでいる。バックに塗られたコバルトブルーが絵を浮き出させている。これは二十世紀の初めに下流のターク・コーラ地方を中心に活動したラマ・ジャムヤンという絵師の作品である。

ムスタン王国の入口の村カグベニ。その中心はゾンとゴンパである。
背後にニルギリが神々しい姿を見せている。

村の中心にはゾン（城砦）がある。かつてこの村を支配していた王の館である。今はこのゾンも荒れ果て、一部には人が住んでいる気配もあるが、ほとんど廃墟に近い。そこから少し離れたカリ・ガンダキの断崖の上に、大きな赤い箱のようなゴンパ（寺院・僧院）が立っている。ゾンとゴンパは、この辺りの村には欠かせない要素だ。

ヒンドゥー教・仏教共通の聖地ムクティナートに近く、またアンナプルナ山群を一周するトレッキング・ルート上にあるために、カグベニの、特にゾン・チュの南には、巡礼者やトレッカーをあてこんだ宿屋が立ち並んでいる。

レッドハウス

私たちはゾンの隣りにあるレッドハウス・ロッジに宿を取った。このロッジ兼レストランを切り盛りするのは、名物女将のペマドルカル・タクリである。彼女はカグベニの王家の末裔で、ジャルコットの王族であるトラさんとは親戚同士だ。松井さんとは昔からの顔馴染みで、二人はお互いを「メメ」（お爺さん）、「ディリ」（女将）と呼んで、再会を喜び合っている。「ツァンパ喰うか」が挨拶代わりの気さくな女性である。

ツァンパはチベット人の常食である。麦を炒って粉に挽いたものを、椀に盛ってバター茶を注ぎ、手でこねて団子にして食べる。旅はまだ始まったばかりなので、ツァンパこそ遠慮したものの、バター茶は何杯もお代わりした。バター茶は、茶の葉をお湯でよく煮詰め、できた茶汁をバター、塩、

レッドハウスの女将ペマドルカル・タクリ。外国人トレッカーの
間でもよく知られるこの女性はカグベニ王家の末裔だ。

牛乳と一緒にドンモと呼ばれる大きな木筒に入れ、棒で攪拌して作る。滋養分に富み、乾燥した冷涼な高原に住むチベットの人々には、欠かせない「食品」である。

レッドハウスの名の通り、この家は外壁が赤褐色に塗られている。赤はチベット文化圏では宗教を表わす聖なる色である。この建物ももとはカグベニ王の持仏堂であった。その本尊は、レストランと壁一つ隔てたお堂に祀られた高さ二メートルほどの弥勒《みろく》仏の塑像である。弥勒は、果てしない未来に出現して衆生（生きとし生けるもの）を救うとされる仏である。チベットではこの未来仏に対する信仰が盛んだ。レストランの壁にも、およそレストランには不似合いな四天王と長寿三尊、すなわち長寿を司る無量寿《むりようじゆ》仏、白ターラー菩薩、仏頂尊勝母《ぶつちようそんしようも》の壁画が残っている。

ムスタンの仏教

レストランには、サキャ派の三大ラマの写真セットが飾られていた。中央にサキャ派の管長サキャ・リンポチェ、その左にサキャ派の支派であるツァル派の管長チョプギェーティチェン・リンポチェ、右に同じくサキャ派の支派であるゴル派の管長ルディンケンチェン・リンポチェという取り合わせである。

この写真セットが象徴するように、ムスタンではサキャ派、特にその支派であるゴル派が有力である。

サキャ派は、チベット仏教の四大宗派の一つである。四大宗派とはゲルク、サキャ、カギュ、ニ

ンマの各派を言う。

ゲルク派はダライ・ラマ、パンチェン・ラマの二大活仏《かつぶつ》（生き仏）を擁するチベット仏教最大の宗派である。この派は十五世紀の初めに創始され、十七世紀の半ばにダライ・ラマ政権が誕生すると、以後三百年間に亘ってチベットを支配した。サキャ派は十一世紀後半に現われた。この派は、モンゴル・元朝と結びついて、一時チベットを支配していたことがある。カギュ派もサキャ派と同じ頃に現われ、多くの支派を生んで、チベットの宗教史・政治史の上で重要な役割を演じた。ニンマ派（古派）は、古代チベット王国（七—九世紀）時代の仏教の伝統を受け継ぎ、インドの密教行者パドマサンバヴァを開祖として崇めている。パドマサンバヴァは、チベットではグル・リンポチェ（宝のような師）という尊称で呼ばれ、民衆の間で絶大な人気がある。

ムスタン王家は、ゴル派の大檀越《だんおつ》として知られた。この関係は、十五世紀の初め頃にムスタン王国を開いたアマパル王の時代まで遡る。アマパルは、一四二七年、チベットから高僧ゴルチェン・クンガサンポ（一三八二—一四五六）をムスタンに招いた。ゴルチェン（偉大なゴル）はゴル派の創始者である。アマパルの息子アングンサンポ王もまたゴル派の熱心な支持者だった。ゴルチェンは、アマパルからアングンサンポの時代にかけて、ムスタンを三度訪れ、多彩な布教活動を展開した。

十五世紀はチベットの学問と芸術が最高レベルに達した時代である。ムスタンはその精華を、ゴル派を始めとするチベットのラマたちとの交流を通して自らのものとした。

アングンサンポの息子タシーグン王も仏教の後援に熱心だった。彼の兄弟で、ローオケンチェン（ロー国の大和尚）と呼ばれたソナムフントゥプ（一四五六—一五三二）は、ゴル派の高僧として知られ

た。

ムスタン王家とサキャ派、ゴル派との親密な関係は今も続いている。それを端的に示すのがムスタン王家から出た二人の活仏である。一人は、先に登場したサキャ派の三大ラマの一人、チョプギェーティチェン・リンポチェである。彼は現ムスタン王の母方の伯父に当たり、釈迦生誕の地ルンビニーのチベット寺に住んでいる。もう一人はゴル派の有力活仏の一人タルツェ・リンポチェである。彼はムスタン王の甥に当たり、インドのデーラ・ドゥンに再興されたゴル寺を中心に活動している。

ゴル派に次ぐのはニンマ派とカギュ派である。この両派は、ゴル派が定着する以前からムスタンに活動拠点を持っていたようである。ゲルク派は、この谷にはまったくと言ってよいほど進出していない。もちろんダライ・ラマは、チベット仏教の総帥として尊敬されている。しかしムスタンの人々が直接の指導を仰ぐのはゴル派であり、ニンマ派、カギュ派なのだ。この谷間には、ゲルク派の覇権が確立される以前のチベット中世の雰囲気が濃厚に漂っている。

ここ数十年の間、ムスタンの仏教は衰退の傾向にあり、多くの寺院が荒廃するに任せられてきた。その大きな原因は、ムスタン王家を始めとする有力な後援者たちの経済力の低下にあるようだ。

ムスタンのボン教と民間信仰

ムスタンの宗教を考える上で忘れてならないのは、ボン（ポン）教の存在である。ボン教は仏教

と並ぶチベットの大宗教である。この宗教は、仏教伝来以前からチベットに行なわれていた。しかし後に仏教の理論と実践を積極的に取り入れたため、その教義にはチベット仏教、特にニンマ派との類似点が多い。

ムスタンに初めてボン教を弘めたのは、十二世紀のボン教の布教師ヤントンパとされている。彼の息子タシーギャルツェンは、ジャルコットに近いルブラにムスタン最初のボン教僧院を設立した。ムスタンのボン教は今もルブラを中心とし、下ムスタンのジャルコット、ジョムソン、ティニ、ナブリコットにゴンパを持っている。

ムスタンでは民間信仰も盛んである。その本質は精霊崇拝である。この点はチベット本土と同じで、自然界のあらゆる場所に、数知れない精霊の存在を感得する。天にそびえる雪の峰々、清冽な湖水や川の流れ、高い峠、深い谷、巨木、天然の洞窟、奇妙な形をした岩など、どことして精霊の宿らない場所はなく、霊気は天空に満ち、地中からも立ち上っている。人間が精霊たちの領分を不当に侵したり、その機嫌を取るのを怠ったりすると、彼らは激怒し、病や死を送って人間を罰しようとする。彼らの怒りを鎮め、福を招くためには、様々な儀式を執り行なわなければならない。

おもしろいのは、民家の戸口の上に掛けられたサゴ・ナムゴ（地門・天門）と呼ばれる悪魔祓いの装置である。これは羊の頭蓋骨と井桁に組んだ藁束を組み合わせたもので、羊の頭蓋骨は、眼窩に義眼がはめられ、彩色され、真言《しんごん》などが書き込まれている。藁束には、木の骨組みに色糸を菱形や六角形に張ったナムカ（虚空《こくう》）と呼ばれる蜘蛛の巣状の仕掛けや、男女の絵が描かれたシンチャンという木札が差し込まれている。害をなす精霊をナムカで捕え、シンチャンに描かれた身代わりの

人形でなだめてから、解き放つのである。

カグベニ夜話

日が暮れた頃、夕飯が出てきた。私たちのコックの作った初めてのメニューは、チキンカツ、茄子炒め、ご飯、味噌汁である。味の方はいま一つだが、ご飯はジャポニカ米を使う念の入れようだ。前回、コックの作る料理がどうしても口に合わず、ポリッジ（西洋式のお粥）ばかり食べていたのとは大違いである。こうした食材は、すべてカトマンドゥで手に入る。私よりも一週間早くカトマンドゥに入った松井さんが指示して買い揃えさせたものだ。

食後、トラさんが自分たちの家系について話してくれた。

「昔、西ネパールのジュムラの方から、五人の兄弟がこの谷にやってきました。五人は、北はゲリンの手前から南はパンダ・コーラに至るまでの間、つまり現在のバラガオン（十二ヵ村）地方に五つのゾンを築いて、領主となりました。その五つとは、ザル（ジャルコット）、ゾン、ダンカルゾン、カク（カグベニ）、そしてサマルです。サマルの王家は血統が絶えてしまいましたが、後の四家は残っています。カグベニの王家は娘が二人で、男子がなかったものですから、妹のペマドルカルが後を継ぎ、姉は結婚して今ポカラに住んでいます」

ここに語られているのは、ヒマラヤの谷々に小王国が割拠していたネパールの歴史の一部である。実際、バラガオンの五王国は、一九六〇年代の初めまで、連合して自治を行なっていた。伝説が史

実になだらかに連なり、それが今目の前にいる人物に直結している。まさに神話が生きていることが実感された。

カグベニはまたムスタンの歴史悲話の舞台でもある。十七世紀、ムスタン王の元に西チベットのラダック王国から王女が嫁いできた。ジュムラ王はこれに嫉妬し、軍勢を差し向けてムスタンを攻めた。ムスタン王とラダック妃は捕えられて、カグベニに幽閉された。やがてラダック軍とモンゴル軍が救援に駆けつけ、ジュムラ軍を破って二人を解放した。二人はローモンタンに戻り、戦争で荒れ果てた寺院の再建に努めたという。

静かな山里の夜である。聞こえるのは、用水路の水音だけだ。薄暗い電灯に照らされて、壁画の仏たちがぼうと浮かび上がっている。

風邪が抜け切らない青木さんは、そのせいもあってか、「ここにいることが、まるで夢を見ているようだ」と述懐する。私も今日一日のうちに、ネパール一の大都会からこの山里にやってきたのである。これがもし二度目でなかったならば、やはり現実感の伴わない奇妙な感覚を味わったに違いない。

文明は北から下りてきた

早朝、レッドハウスの屋上に上ると、旭《あさひ》を浴びたニルギリが神々しい姿を見せている。対岸の岩山には巨大な断層が縦に走り、絶壁かと思われるような急斜面に、羊たちが胡麻粒ほどの白い点、

黒い点となって動いている。家々の屋上にはタルシン（祈禱旗の竿）が立ち並び、色とりどりのタルチョ（祈禱旗）が朝風にはためいている。タルチョには仏教の経文や陀羅尼《だらに》、「風の馬」（ルンタ）と呼ばれる護符などが木版印刷されている。こうした光景に、自分が今チベット文化圏の中にいることを実感する。

村の中を歩いてみた。建物同士が複雑に入り組み、道路もところどころがトンネルになっていて、まるで迷路の中を行くようである。村全体が外敵の侵入に備えた砦のような構造になっている。興味深いのは、この村が北方、つまりカリ・ガンダキの上流に顔を向けていることである。すなわち、北の出入口は彩色したメンダン（マニ車やマニ石を置いた壁）を長くにぎにぎしく飾りたて、南の出入口には魔除けのカンニを置いて防御の姿勢を示す。この村の守護神であるポ（男）とモ（女）の一対の泥像のうち、威風堂々として男根を突き立てたポは北の出入口に立ち、ちっぽけで性別もはっきりしないモは、南の出入口にひっそりと佇んでいる。

ヒマラヤを南北に切り裂くこの峡谷は、太古の昔から人、物、情報が往来する大動脈だった。カグベニが北を表玄関としていることは、かつて文明が、今この谷を浸食しつつある西洋文明とは逆に、北のチベット高原から南に向かって流れていたことを物語るものであろう。

カグベニのゴンパ

朝食が済むと、ラバ隊を先発させ、私たちは昼食の握り飯だけを持ってゴンパに向かった。カグ

ベニのゴンパはゴル派に属している。正式名称はトゥプテンサムペル・リン（仏教如意寺）といい、短くはカク・チョエデ（カク寺）と呼ばれている。今から五百二十三年前に建立されたという。僧侶は現在三十五人いると聞いた。この数は、今のムスタンのゴンパとしては多い方である。

この寺の主要な建物は三階建ての本堂である。その二階にある集会堂《しゅうえ》を拝観する。中に入って、まず本尊に向かって五体投地を三度繰り返す。この高地ではこれだけでも大変な運動である。もちろん強制ではないが、できる範囲で礼を尽くすことは、特に宗教施設を訪ねる場合には大事な心構えであろう。私たちのグループでは、青木さんがクリスチャンであったが、旅行中はこの姿勢を崩さなかった。

集会堂は間口約七メートル、奥行約八メートルの板敷きである。柱飾りの付いた柱が六本あり、その間の天井が吹き抜けになっている。屋上の明かり取りから日光を取り入れる仕組みである。正面奥にガラスのはまった仏壇がしつらえられている。中央の龕《がん》には、舎利弗《しゃりほつ》と目犍連《もくけんれん》の二大弟子を従えた釈迦牟尼《しゃかむに》仏の金銅像が安置されている。これが本尊である。その向かって左の二つの龕には釈迦牟尼仏とサキャ派の祖師の一人サキャパンディタの金銅像が、同じく右の二つの龕には弥勒仏とゴルチェン・クンガサンポの金銅像が安置されている。またこの両像の背後には小金銅仏十数体が並べられている。仏壇の両端は経典棚になっており、そこには『ブム』、つまり『十万頌《じゅ》般若経』の写本が収められている。また左奥に置かれた宝座は、サキャ派の管長サキャ・リンポチェのものである。

室内の三方の壁は壁画で覆われている。向かって左の壁には、無量光仏、過去・現在・未来の三《さん》

カク・チョエデ本堂の集会堂の内部。奥に安置されているのは本
の釈迦牟尼仏。サキャ派の三大ラマの写真も飾られてい

世《ぜ》仏（燃灯《ねんとう》仏・釈迦牟尼仏・弥勒仏）、一切智《いっさいち》大日如来などが描かれ、無量光仏の隣りにはサキャ派の代表的な護法尊クルギゴンポ（大黒天の一種）のタンカ（チベットの巻軸画）が掛けられている。

この壁が如来たちに捧げられているのに対して、右の壁の主役はサキャ派の法統を伝えるラマ（上人《しょうにん》、高僧）たちである。まず「サキャ五祖」と呼ばれるサチェン・クンガニンポ、ソナムツェモ、タクパギャルツェン、サキャパンディタ、パクパの五人の祖師がいる。そしてその間にパドマサンバヴァとゴルチェンが加えられている。さらに無量寿仏と仏頂尊勝母がいる。最後に、門扉のある壁には四臂《しひ》観音、緑ターラー、白ターラーの菩薩たちと、入口を守護する四天王が描かれている。

案内の僧侶の話によると、現在この寺には仏像が七十八体、仏塔が十七基あるという。今から四十八年前の一九五二年にムスタンを調査旅行したイタリアの東洋学者ジュゼッペ・トゥッチは、この部屋の仏壇に数百体の金銅仏が雑然と積み重なっているのを見ている（『ネパールの秘境ムスタンへの旅』）。どうやらこの半世紀の間に、この寺の仏像は何分の一かに減ってしまったらしい。

聞けばムスタンでは、外国人がくるようになってから、「仏像は金になる」ということが知れ渡り、各地で寺宝の盗難が相次いでいるという。毎年、寒さが厳しくなる十、十一月頃から、ムスタンの人々の多くは南方に出稼ぎに下りてしまう。人口が極端に減るこの季節を狙って、文化財泥棒が出没するのである。

この寺でもいい仏像がかなり盗まれてしまった。三階の一室に盗まれた金銅仏の一部を塑像で再現したものがあるというので見せてもらった。哀しい記念品である。

同じ部屋の書架には、木版本のチベット大蔵経が収められていた。チベット大蔵経はチベット語

に翻訳された仏典の大叢書で、何種類もの版がある。ここにあるのは、中央チベットのナルタン寺で印刷されたナルタン版である。

本堂を出ると、寺の門の側にある小屋では、村の老人たちが集まって、マニ講（日本の念仏講のようなもの）の最中である。その様子を戸口から覗いていると、男が立ってきて私を中に招じ入れ、最前列に座らせてしまった。老人たちは、私の方を見て、「日本人《ジャパニ》は仏教徒《ナンバ》だ」と囁き合っている。チベット仏教徒が日本人に示す親しみと好意には、しばしば、このような「日本人は自分たちと同じ大乗仏教徒である」という仲間意識が働いている。日本人の大多数が、法事と初詣以外、滅多に仏前に手も合わせないことなど彼らには想像もつかないのである。バター茶を一杯いただき、なにがしかの布施を置いて外に出た。

それから私たちは、村の北の外れにあるチェック・ポストに出向いて、トレッキング許可証の検査を受け、台帳にサインした。ここから先が、外国人一人につき、十日目までが七百ドル、十一日目からは一日七十ドルが加算される特別地域である。

去年の入域者数の国別集計を見せてもらう。一九九九年には世界三十ヵ国、千五十六人が入域している。第一位はフランスの二百二十四人、第二位はアメリカの百八十四人、第三位はイタリアの百四十二人である。以下、スイス、ドイツ、オランダ、イギリス、オーストリアの順。日本はその次の第九位で、三十八人。これは、日本とネパールの近さ、日本の余暇ブーム、登山人口の多さなどを考えれば、決して大きな数字ではない。ムスタンと言えば、いまだに命の保証もない流砂と高山病の危険地帯と思われているのだろうか。ともかく、日本では「禁断の王国ムスタン」はいまだ

旅行商品として確立されていないらしい。

ティリの尼寺

広い河原を横切ってティリ（チベット語名ティンリ）の尼寺（アニ・ゴンパ）を目指す。ゴンパは小高い丘の上にある。そこに通ずる険しい坂道を、馬たちは、腹を波打たせ、頭を振り振り、苦しそうに喘ぎながら上ってゆく。上に乗っていることが申し訳ない気分になるが、実は彼らは上りには滅法強いのである。

この旅の間にトラさんが次のような諺を教えてくれた。

上りで人を乗せないものは馬ではない。
下りで馬に乗るものは人ではない。

急な下り坂では蹄を傷めないためにも、人はこまめに馬から下りて歩かなければならない。

この尼寺の名前はサンドゥプ・チョエリン（如意寺）という。尼寺とは言いながら、尼僧は一人しかいない。あとは僧院長のラマが一人、男の僧が三人いるだけである。あいにくラマは留守で、案内に立った青年はカク・チョエデの僧だった。

小さな本堂は前室と主室とに分かれている。主室の壇の中央には、パドマサンバヴァとその二人

の妃、すなわちインド人のマンダーラヴァとチベット人のイェシェーツォギャルの三尊像が鎮座している。その左右には開山ガワントクメーをはじめとする歴代僧院長の像が並んでいる。

しかし一見に値するのは、むしろ前室の壁に木枠で取り付けられた何枚もの石板である。それらにはインド・チベットの祖師たちや四天王が細密に刻まれ、念入りに彩色されている。それは私がムスタンで見た最も優れた石彫群であった。

本堂を出た私たちは、大峡谷の風光を楽しんだ。このような隔絶された高みで、鳥のように暮らしながら、チベット仏教の僧侶たちは修行に打ち込んできたのである。その孤独な在り方に、いささか戦慄を覚えながら、彼らの柔らかな強靱さやイマジネーションの豊かさは、むしろこのような環境から生み出されたのではないかと感じた。

対岸を見ると、河岸段丘の一部が割れて、岩の塊がごろごろと川床へ転がり出ている。その一つひとつが家よりも大きい。このようにして、この谷は絶えず崩壊を続けている。美しくも恐ろしい自然と言わなければならない。だがチベット仏教は、このような大自然に優に拮抗する世界を人間の精神の上に築き上げてきたのである。

気が付くと、トラさんたちが風の話をしている。毎日午後に南から吹く風はルンブ、文字通り「風」と呼ばれている。これに対して、北から吹き下ろす風はパクモと呼ばれているという。パクモには「牝豚」という意味がある。あるいは密教の女尊ドルジェ・パクモ（金剛亥母《こんごうがいも》）のことだろうか。聞き返したが、彼らの返事はすこぶる曖昧である。だがこの時から、少なくとも私たちのパーティーには「牝豚の風」の呼び名が定着した。この風が吹くと天気が荒れる。

ムスタンの仏塔

きた時とは別の道を下りて、麓のティリの村を目指した。道端には大小の仏塔が立ち並んでいる。ここでムスタンの仏塔について整理しておこう。ムスタンに見られる仏塔は、大きく分けて二種類ある。一つは四角いタイプ。基壇に四角い塔身を置き、さらに四角い箱を一つ、二つ重ねて、その上に心柱《しんばしら》を長めに出す。もう一つは、方形の台座と階段、球形の覆鉢《ふくはつ》、方形の平頭《ひょうず》、円錐形の相輪《そうりん》、円盤状の傘蓋《さんがい》、宝瓶《ほうびょう》からなる。ここまでは通常のチベット式仏塔である。特異なのは、平頭の周囲に屋根を付けて柱で支え、塔全体を保護している点である。このタイプはムスタンの他、トルボやマナンなど北部ネパールの数ヵ所に分布している。

村外れなどの境界線には、その境域を守護する目的で、赤、白、青の三つ組みの四角い仏塔が建てられている。この三色は順に文殊、観音、金剛手を象徴している。リクスム・ゴンポ（三種主尊）と呼ばれる菩薩のトリオである。

ティリの村

村外れで子供たちが弓遊びに興じている。ティリは、いわゆるボテ・グルンの村である。ボテ・グルンとは、チベット化したグルン族の意である（ボテはチベットを指すが、しばしば蔑称として

用いられるので注意を要する)。しかし彼らの言葉は、アンナプルナの南側に住む普通のグルン族とは異なっており、アンナプルナの北側に住むマナン人《びと》(彼らもグルンと自称する)の言葉に近いと言われている。ボテ・グルンはこの河谷では一つの勢力である。彼らはチベット仏教を信じ、外見も、私たち外国人には、チベット人と区別がつかない。

ティリには家が十二軒ある。そのうちの一軒を借りて昼食を取った。この地方の民家は、たいてい小さな中庭を囲んだ二階屋で、一階は家畜小屋と物置に使われ、家人は二階に住む。私たちが通されたのは、二階にある居間と食堂を兼ねた広間であった。木製の食器棚にはぴかぴかした鍋や茶瓶や水入れが並び、壁にはドンモやチベットのギターであるダムニェンが掛けてある。

トラさんがそのダムニェンを手に取り、おどけた調子でかき鳴らしはじめた。ムスタンに里帰りしてからの彼は、カトマンドゥにいる時とは見違えるほど自由で颯爽としている。松井さんがわざと文句を付けても、「オー、マツイさん！　ここはムスタンですよ。ワタシに任せて下さい！」と、いたって強気である。江戸っ子で伝法な口調の松井さんとのやりとりは、まるで掛け合い漫才を聞くようだ。

隣りの厨房では女たちが忙しく働いている。やがてデュロと呼ばれる蕎麦がきが出てきた。

アンモナイト

ムスタン土産といえば、アンモナイトである。この中生代の軟体動物の痕跡を閉じこめた黒い丸

カリ・ガンダキの川床にはアンモナイトの化石が無尽蔵に
埋もれている。ヒンドゥー教徒にとっては信仰の対象だ。

石は、カリ・ガンダキの広い川床に無尽蔵に埋もれている。ただし簡単に拾えるものは、摩滅しているか、大きな殻の破片であることが多く、有望そうに思えるものでも、割ってみるまでは中に化石があるかどうか分からない。この点、街道筋の露店や茶屋で売っているものは、さすがに物がよく、ゴムのバンドを外して石の蓋を開けると、きれいな菊石が顔を出す。

ティリを出発した私たちは、道々化石集めに興じた。馬上から、あれこれと指さして、シェルパや馬方に拾ってもらう。アンモナイトは、ネパール語でサリグラムと呼ばれ、その形状から、ヒンドゥー教の大神ヴィシュヌの武器であるチャクラ（輪）として、あるいはヴィシュヌの顕現そのものとして信仰の対象となっている。

仏教の聖地ムスタンは、ヒンドゥー教の聖地でもある。大きいのは、後に私たちも訪れるムクティナートの存在であるが、さらにムスタン東部の山中にはダモダルクンドと呼ばれる湖沼があり、河川崇拝の盛んなヒンドゥー教の聖地になっている。そのためそこに至る道筋では、サドゥーと呼ばれるヒンドゥー教の行者を見かけることが珍しくない。

タンベ

ティリを出てから一時間半、小高い段丘の上にゾンの廃墟が見えてきた。タンベ（タイェ、三一〇〇メートル）である。川床から崖を上りきった段丘の縁に仏塔が立ち並んでいる。それらは、かろうじて原形を保っているものから、溶けるように崩れて、地中から湧きだした石灰の塊か何かのよ

タンベの仏塔群。カリ・ガンダキを見下ろす高い段丘の上にある。
中央の仏塔に屋根が付いているのが特徴的である。

うに、自然物と区別がつかなくなりつつあるものまで、様々の段階のものがある。

仏塔は五大を象徴するという考え方がある。五大とは万物を構成する地、水、火、風、空の五元素のことである。ひょっとするとこれらの仏塔たちは、この世界のありとあらゆるものが常に移り変わっているという無常の理《ことわり》を、無言の内に教えているのかもしれない。

日本人にとって無常とは、季節の微妙な移り変わりなどから感得される一種の美意識であった。しかしここでは、無常は冷厳な法則として目に見えるスピードで進行している。その中では人間も早晩、解体を免れない。こうした環境に生きる人々にとって、輪廻《りんね》はむしろ一つの救いなのではなかろうか。生が余りにも脆いから、来世がなければ、「人生設計」は立てられない。来世があればこそ、この世で善を為し、福徳を積む意味も出てくる。生死を重ねてゆけば、いつの日にか、生き仏に巡り合うこともできよう。ああ、仏教なくしてどうして生きられようか。

タンベは、全体が不規則に積まれた石垣でできたような村であった。家は三十軒近くあるようだが、まるでゴーストタウンのように静まり返っている。この村の住民もまたボテ・グルンである。ここから上流には、タンベを含めてボテ・グルンの村が五ヵ村続いており、一つの勢力圏を作っている。その五つとは、タンベ、チュクサン、テタン、ツェレ、そしてギャカルである。

この村にも小さなゴンパがあり、テラコッタ（化粧漆喰《けしょうしっくい》）製のパドマサンバヴァとニンマ派の二つの守護尊、ペマダクポ（凶悪な蓮華）とセンドンマ（獅子面母）の三尊像が祀られているらしい。尋ね歩いて、どうやら村の入口の門を兼ねた赤い建物がそれであるらしいことが分かった。しかしあいにく、今は鍵がないとのことで内部の拝観はできなかった。

村の外には耕地と林檎園が広がっている。道の両側に石積みの壁を作って丸太を渡し、その上にさらに石を積んだだけの質素な門を潜り、再び河原に下りて、次の村チュクサンを目指した。

チュクサン

チュクサン（三〇五〇メートル）は、この辺りからムスタン・チュと名を変えるカリ・ガンダキとナルシン・コーラとの合流点に近いダッカル、ツェギャプ、キャンマの三つの集落の集まりである。本来の村名はツクと言う。人口は四百人ほどである。ダッカルに接した低い丘にゾンの廃墟があり、ここがツクの中心であったことを示している。

川向こうの断崖には、明らかに人工のものと分かる洞窟が点々と並んでいる。穴は多いところでは六、七列にもなり、その総数は百を超えているだろう。洞窟群はここにくるまでにも見かけたが、これだけ大がかりなものは初めてだ。

これは穴居集落の跡である。ムスタンでは、集落の近くにはたいていこうした洞窟群が見られる。人々は、現在の村に住みはじめるまでは、穴居生活をしていたものと思われる。

近年、同様の洞窟群に対する考古学的調査が下流のゾン・チュで行なわれ、土器などの生活遺物が発掘された。その折に行なわれた炭素14による年代測定から、その洞窟群は今からおよそ二千年前に使われはじめ、西暦一二〇〇年から一五〇〇年頃までは村だったという大まかな結果が出ている。その後、一部の洞窟に仏教の行者が住みついた。チベット仏教では、ニンマ派とカギュ派を中

チュクサン対岸の岩壁には多数の洞窟が口を開けている。
穴居集落の跡である。左手にはゴンパ・カンが見える。

心に洞窟での瞑想修行が盛んだから、使われなくなった穴居がこの目的で二次使用されても不思議ではない。

それにしても、ロッククライミングでしか近づけないような絶壁に、よくも人が暮らしていたものである。かつては桟道《さんどう》のようなものがあったのだろうか。

この晩、私たちはダッカルの村の入口にある宿泊所に泊まった。夜、星が皓々《こうこう》と光った。

パドマサンバヴァ

翌朝、向こう岸の段丘の上に立つゴンパ・カンと呼ばれる寺に向かった。対岸が近づくにつれて、赤い岩の列柱が覆いかぶさるように頭上に迫ってくる。一九五六年に西北ネパール一帯を踏査したイギリスのチベット学者デイヴィッド・スネルグローヴは、この柱をパイプオルガンのパイプにたとえた(『ヒマラヤ巡礼』)。だが私にはこれが、パドマサンバヴァの神通力によって封じ込められた太古の巨人たちの姿に見える。

グル・リンポチェ、パドマサンバヴァの伝説は、チベット仏教圏に広く行き渡っている。彼は、八世紀末に王室の招きでチベットを訪れた実在の人物だったらしい。しかし呪術的・幻想的なものに救いと癒しを求めるチベットの民衆の心は、奇跡に満ちた超人パドマサンバヴァの伝説を生み出した。これを抜きにして、チベット・ヒマラヤの仏教を語ることはできない。

伝承によれば、パドマサンバヴァはダナコーシャという湖に生える蓮華から出生した。パドマサ

パドマサンバヴァ像。右手に金剛杵、左手に髑髏杯を持ち、
髑髏杖をたばさむ。ツァーランのゴンパの壁画である。

ンバヴァとは「蓮華から生まれた者」という意味である。彼はウディヤーナ国の王の養子として成長するが、やがて約束された王位を捨てて、密教行者となり、法力を身につけて数々の奇跡を現わした。

折しもチベットでは、ティソンデツェン王が、チベットに仏教を弘めるために、インドの高僧ボーディサットヴァ（シャーンタラクシタ）を招いて、チベット最初の僧院サムイェー寺を建立しようとしていた。チベットの神々はこれに怒り、激しく妨害した。そこで王は、ボーディサットヴァの進言に従い、パドマサンバヴァをチベットに招いた。土着の精霊たちは、パドマサンバヴァの前に次々に立ちはだかり、その猛威によって彼の前進を阻もうとした。しかし彼らの必死の抵抗も、密教行者の強大な呪力の前にあえなく粉砕される。彼らはことごとく呪縛調伏《じょうぶく》され、逆に仏法守護を誓わせられて、護法の善神となった。中央チベットに到達したパドマサンバヴァは、ティソンデツェン、ボーディサットヴァと協力してサムイェー寺を完成させ、その後もチベットに密教を弘めることに努力した。こうしてチベットへの仏教弘布に道を開いた彼は、未来において仏教が弾圧されることを予見して、テルマ（埋蔵経典）を各地に埋蔵すると、人々に惜しまれながら浄土サンドパルリ（銅色吉祥山）に去っていった。

ムスタンにもパドマサンバヴァにまつわる霊蹟は多い。それを私たちはこの旅行中に目のあたりにすることになる。

ゴンパ・カン

ゴンパ・カン（「(弥勒大仏の）お堂を兼ねた僧院」の意か）は、ティリのゴンパと同じくニンマ派の尼寺である。ゴンパ・カンは通称で、正式名称はクンサン・チョエリン（普賢寺）という。かつてはかなり栄えたと思われるこの寺も、今は僧侶が一人も常駐しておらず、堂守の老人が鍵の管理をしながら境内に木を植える仕事をしている。年に一度だけ、チュクサンの村人たちがここで供養会《え》を開くという。寺全体がひどく荒れ果てた印象である。

東門を入ると、門廊の壁に様々の絵が描いてある。壁画はひどく傷んでいるが、それでも釈迦牟尼仏、パドマサンバヴァと彼の浄土サンドパルリ、六道《ろくどう》輪廻図、須弥山《しゅみせん》世界図、忿怒《ふんぬ》尊、四天王などが判別できる。そこから石段を上って門を潜り衝立て壁に沿って左に回ると、そこは広い集会堂である。間口約一五メートル、奥行約一八メートル。面積はカク・チョエデの集会堂の四倍もある。

本尊は弥勒仏の坐像である。テラコッタ製のこの像は実に堂々としたもので、その高さは蓮華坐から頭頂までが三・八メートル、台座の下から光背の先端までを測ると、五・八五メートルにも達する。この大きさのために、この仏像の胸から上は、吹き抜け天井から二階に突き出ている。本尊の前には土壇があり、大小のパドマサンバヴァ、ペマダクポ、センドンマなどの塑像が並んでいる。

二階には部屋が九つほどあるが、ほとんど何も残っていない。一室に僧侶の生活を偲ばせる炉の跡があり、もう一室に数体の塑像と粘土を型に入れて作ったツァツァと呼ばれる塼仏《せんぶつ》がしまいこま

ゴンパ・カンはチベット仏教ニンマ派の尼寺である。カリ・ガンダキ
峡谷の巨大な風景の中ではマッチ箱ぐらいにしか見えない。

ゴンパ・カンの堂守の老人。写真を撮ろうとすると、可愛がっている猫の仔を両手に持ってポーズを取った。

ゴンパ・カンの本尊は巨大な弥勒の坐像である。その手には参拝者が捧げたカター（儀礼用スカーフ）が掛けられている。

ゴンパ・カンの集会堂の内部。かつて大勢の修行者が暮らしていた
だろうこの寺院も今はひっそりと静まり返っている。

ゴンパ・カンの壁画。右が髑髏杯を持つヘーヴァジラ、左がサンヴァラ。
ともに守護尊で、妃である女尊と交わっている。

護法尊クルギゴンポ。大黒天の一種で、むしろサキャ派で人気が高い。周囲には眷属尊などがびっしりと描かれている。

れているだけである。

集会堂の壁はチベット仏教の様々な尊像で満たされている。残念なことに、それらは雨漏り、汚損、剝落などによって全体に大きなダメージを受けている。特に右側の壁は損傷が激しく、多くの図像が解読困難になっている。しかし、それでもなおこのホールは、チベット仏教美術の大画廊としての価値を失っていない。

本尊弥勒仏を三方から囲んで、三世仏、持金剛仏《じこんごうぶつ》、法身普賢《ほっしんふげん》、金剛薩埵《こんごうさった》、四臂観音などが並んでいる。左側の壁には、パドマサンバヴァ、薬師如来、一切智大日如来、そして二組の金剛界五仏（大日《だいにち》、阿閦《あしゅく》、宝生《ほうしょう》、阿弥陀《あみだ》、不空成就《ふくうじょうじゅ》）などが描かれている。右側の壁には、ニンマ派の祖師の一人、ニンマ派の守護尊である馬頭尊、大随求母《だいずいぐも》などが描かれている。そして入口のある壁には、クルギゴンポ、グヒヤサマージャ、文殊、金剛、サンヴァラ、ヘーヴァジラ、毘沙門天《びしゃもんてん》などがいる。

多面多臂の忿怒尊で、しかも男尊と女尊が交合した父母《ふも》像（いわゆる歓喜仏《かんぎぶつ》）が初めて現われるのはここである。彼らの多くはチベットでは守護尊（イダム）というグループに属している。

チベット仏教の仏たち

ここでチベット仏教の尊格分類について簡単に説明しておこう。日本仏教では、仏（如来）、菩薩、明王《みょうおう》、天という分類が一般的である。これに比べると、チベット仏教の尊格分類は遥かに複雑である。諸尊は、①祖師、②仏（如来）、③守護尊、④菩薩、⑤護法尊、⑥その他、に分類できる。

①祖師（ラマ）には、インド仏教の代表的な論師や密教行者、チベット仏教各宗派の高僧たちが含まれている。人間である祖師を仏・菩薩の前に置くのは、ラマがいなければ教えは伝わらない、との考えによる。

②仏には、釈迦牟尼、弥勒、薬師、無量寿などの一般大乗の諸仏と、持金剛、金剛界五仏のような密教の仏たちが含まれている。

③守護尊は、グヒヤサマージャ、ヤマーリ、ヘーヴァジラ、サンヴァラ、カーラチャクラなどのタントラ（インド後期密教の経典）の本尊を指すのが普通である。その多くは多面多臂の父母像である。

④菩薩の中では、四臂、十一面、千手千眼、カサルパナなど様々な形態を持つ観音の人気が特に高く、文殊やターラーも広く信仰されている。

⑤護法尊は仏法を守護する役目を持つ尊格で、その代表者はゴンポ（保護者）とも呼ばれる大黒天である。

⑥その他には、これまでの分類には入り切らないチティパティ（骸骨姿の墓場の主人）、薬叉《やくしゃ》、龍王、ガルダ（金翅《こんじ》鳥）、八吉祥母などの雑多な尊格が含まれる。

メンツィ・ラカン

次に向かったのはメンツィ・ラカン（薬湯堂）である。メンツィ・ラカンは、ナルシン・コーラに面する丘の斜面に突き出した礫岩の塊をくりぬき、日乾し煉瓦で壁を築き、床を作り、柱を立て、

メンツィ・ラカンの塑像の一つ。本尊の下に無造作に置かれている。
背後の壁にはかすかに壁画が残っている。

屋根を掛けた二層構造の洞窟寺院である。二階に小さなお堂があり、その周囲は右遶《うにょう》（右回り）のための回廊になっている。

このお堂の本尊は弥勒仏の塑像である。その背後の幕は見事な彫刻で、象、薬叉、一角獣、小児、マカラ（ワニに似た怪魚）、龍女、火炎の渦巻き、ガルダなどが組み合わせられている。左右の壁に取り付けられた棚には、金剛界五仏の塑像が並んでいる。すなわち、左側は宝生、四臂の大日（？）、不空成就、右側は阿弥陀、阿閦、不空成就である。さらに入口の両脇には恐ろしい形相の護法尊がいて、この堂を守っている。他にも、ここには釈迦牟尼仏などの小さな塑像やターラー菩薩を刻んだ石板、山羊に似た動物にまたがった女神らしい忿怒像などが置いてある。

壁画に目を移すと、五仏の背後には光背、光背の上には千仏が描かれている。これらは天井の隙間からの雨漏りによって大きな被害を受けている。注目すべきは、五仏が安置された棚よりも下の壁である。ここには方形区画の中に説話図が描かれている。これらがどのような物語を表わしたものであるかは、今のところ特定できない。しかし絵自体は、非常に巧みな筆致で描かれており、相当に古いものであることが知られる。しかしどういうわけか、この壁面はかなりの部分が漆喰で乱暴に塗り潰されている。これを洗浄すれば、さらにおもしろい発見があるに違いない。

ツォクナム下方寺

一度宿舎に戻り、荷物をまとめてチュクサンを出たのは、午後一時頃のことであった。まず向か

ったのは、ツォクナム（ツォムナム）の村である。

ツォクナムは、ナルシン・コーラの北岸を一キロメートルほど遡った所にある。村と言っても、家が離れ離れに三軒あるだけである。そのうちの下手と上手の二軒はもともとはニンマ派のゴンパで、それぞれツォクナム下方寺（メー）、ツォクナム上方寺（トェ）と呼ばれている。上方寺は下方寺から分かれたものだという。

私たちが拝観できたのは下方寺だけである。つい数日前のこと、上方寺の住職が死去した。そのため、四十九日が済むまでは上方寺の見学はできないという。

下方寺は二階建てのお堂である。ここには家族が住んでおり、寺の仕事というよりは農業で生計を立てている様子であった。実はこの家はトラさんの母親の実家で、現在の戸主は、トラさんの従兄の妻に当たる年配の女性である。この人の案内で一階の集会堂を拝観した。

それは八・五メートル四方ほどの部屋で、奥の土壇の上にはたくさんの塑像が、半ば埃をかぶったまま並んでいる。中央にはパドマサンバヴァとマンダーラヴァ、イェシェーツォギャルの三尊像が安置されている。その背後にもペマダクポとセンドンマを従えたパドマサンバヴァがいる。左右には馬頭尊、女尊トゥトプダクモ、弥勒仏などの仏像や仏塔が雑然と置かれ、その間にはツァツァやチャム（チベットの法舞）の仮面も並べられている。

壁には、ニンマ派が最高の仏と崇める法身普賢をはじめとする様々な尊格が描かれている。この壁画は最近描かれたもので、決してよい出来とは言えない。だがこれは、寺の復興に努力しているという確かな証である。

ツォクナム下方寺の集会堂に祀られたセンドンマ。獅子の面を持つ恐ろしい魔女だが、仏法の強力な護り手でもある。

ツォクナム下方寺の壁に描かれた法身普賢とその妃である普賢母。
ニンマ派の尊崇する最高の仏である。

ここも盗難に遭って寺宝を大分なくしたという。トラさんは昔の記憶をたどり、このゴンパが以前には、いかにすばらしい仏像・仏画に満ち満ちていたかを滔々と説明した。それを聞いて、戸主の女性も涙ぐんでいる。

一階には他にも部屋が四つほどあるが、すべて空室で、その一部は家畜小屋に使われている形跡があった。

岩の門

下方堂を出た私たちは、再びカリ・ガンダキの川床に戻り、上流に馬を進めた。ものの十五分も行かないうちに、それまで広々と続いていた川床が、まるで袋の口を絞ったように、急にすぼまっている地点に到着した。ここには新しい鉄の橋が架けられている。川は、垂直に切り立った高さ数百メートルの断崖の間の狭い通路を流れてくる。しかもその出口付近には、岩壁からはがれた亀の甲羅に似た岩が縦に落ち込み、母岩に寄りかかって、いっそう流路を狭めている。この甲羅だけでも直径一五〇メートルはあろう。

ここにくるまでに大きな風景は見慣れていたはずの私たちも、この岩の門だけは、ただただ恍惚として見上げる他はない。

甲羅が寄りかかっている壁面には、横一列に人工の洞窟が並んでいる。これはユムプデチュドゥク（十六の母なる洞窟）と呼ばれている。僧侶たちの住居跡という。

チュクサンの先にある岩の門。大岩壁に亀の甲羅に似た岩が寄りかかっている。鉄橋は旧い木の橋に代わって最近架けられた。

そこから急坂を上ったところが、ツェレの村である。この坂道で私たちはイタリア人のトレッカー・グループを追い越した。ツェレのゲストハウスでお茶を飲んで出てみると、彼らはキャンプ場でテントの設営にかかっている。

こうした西洋人のグループには、その後も何度かすれ違った。彼らの多くは雄大な自然の中のトレッキングを純粋に楽しもうという人々らしく、寺院やチベット文化に特に関心を持っているようには見えなかった。

ツェレから急勾配の坂を登ると、しばらくは荒野の道が続く。しかしやがてその道は、目も眩むばかりの断崖へと私たちを導いてゆく。馬方の指示で、途中から馬を下りて歩く。左手には深い峡谷が口を開けている。こちらの道よりも一段低い対岸の傾斜地に、段々畑に囲まれた十数軒の家が見えはじめた。ギャカルである。この辺りから谷はますます深く、崖は切り立ち、道は丸鑿《まるのみ》で彫りつけたような半トンネル状になる。道幅は狭く、谷川までの距離は四〇〇メートルはあるだろう。

やっとの思いで岩壁の道を過ぎると、前方には六〇〇〇メートル前後の峰々がそびえ、その前山は杜松《ねず》の灌木で覆われている。チベットの人々にとって杜松は聖木である。その枝葉を焚いて、薫香を神々に捧げる。チベット文化圏に広く見られる習慣である。

やがて最初の峠ゾン・ラ（三五五〇メートル）にさしかかる。チベット語でラツェと呼ばれる峠の積石塚に白い石を積み、ムスタンの神々への挨拶を高らかに叫ぶ。

「ハーギャロー（神々は勝てり）、キキソソー（勝利の叫び）、ハーギャロー、ソソソー」

モンゴル取材の経験がある片岡さんは、「これはモンゴルで言えば、鄂博《オボ》（天地を祀る祭壇）みた

いなものですね」と理解が早い。モンゴルの首都ウランバートルは、このヒマラヤの内懐から北東におよそ二九〇〇キロメートルの彼方にある。その間にいったいいくつのラツェとオボが立っているることだろう。その距離は、内陸アジアに広がるチベット仏教圏の縦の軸にほぼ重なっている。

峠を下って行くと、尾根と尾根との間の傾斜地にサマルの村が見えはじめた。

第二章　天然のマンダラの中へ

サマル

サマルとは、チベット語で「赤土」という意味である。その名の通り、村外れの瘤のように盛り上がった丘が谷に向かって切れ落ちているその斜面に、赤土がむきだしになっている。この丘にはかつてゾン（城砦）があったというが、今は小さなチョルテン（仏塔）一つを除いて跡形もない。一九五二年にここを訪れたトゥッチは、ゾンの廃墟の他に、完全に破壊された古い僧院（ゴンパ）の跡を見ている。しかしそれも今は場所さえ定かではない。村の小さなゴンパも荒廃して何も残っていないという。

村はポプラの林に囲まれている。道端には伐採されたばかりのポプラの丸太が並べてあり、その皮を牛の親子が熱心に食《は》んでいる。家は十二軒、人口は九十人、ゲストハウスは二軒あるという。私たちはアンナプルナ・ゲストハウスに投宿した。門を入って正面が母屋、左手奥がキャンプ場である。

食堂用の大型テントの中にケロシン・ランプが点じられ、夕食がはじまった。オクラを細かく叩いてトロトロにしたものが出て、皆を喜ばせる。松井さんはこの旅行の間、食事には細心の注意を払い、コックに細かく指示を与えていた。誉めたり貶《けな》したりしながら、日本人用の料理のコツを覚えさせようというのである。どうやら今夜のメニューは合格のようだ。ただし生野菜はできるだけ避けた方がよい。

その夜、母屋にアマサモハ（婦人会のようなもの）の面々がやってきて、歌と踊りを披露した。旅行者から寄付金を募り、村の福利厚生に役立てるという。アマサモハは各村にあって、外国人が泊まったと聞いてはやってくる。歌も踊りも素朴を通り越して、稚拙と言った方がよい。外国人への怖れからか、私たちに露骨に寄付を要求するようなことはない。おそらくはトラさんがいるために、心安く振る舞えるのだろう。私は疲れていたので早めに引き上げたが、大分遅くまで歌声と足踏みの音が聞こえていた。

ランチュン・チョルテン

翌朝七時過ぎ、サマルを出発した私たちは、まもなく街道から右の道に入って谷を下り、ランチュン・チョルテンを目指した。ランチュン・チョルテン、すなわち「自ら生じた（自然生の）仏塔」は、ムスタンでも名高い巡礼の聖地である。またの名をチョンシ・ランチュン（「自ら生じた寒水石」、寒水石は薬用鉱物の一種）という。この場所については、トゥッチとスネルグローヴの報告があるが、

彼らの短い記述からでは、具体的なイメージをつかむのは難しい。

しばらくは杜松の灌木の間の険しい山道を登り降りする苦しい行程が続く。途中、遥か南方に列なるヒマール（雪山）のすばらしい眺望を堪能する。右からニルギリ（七〇六一メートル）、ティリチョ（七一三四メートル）、カトゥンカン（六四八四メートル）、ヤカワカン（六四八二メートル）の峰々である。アンナプルナ山群一周コースの難所トロン・パス（五四一五メートル）はカトゥンカンとヤカワカンの間にある。

道は左に折れながら次第に深い峡谷の内部へと私たちを導いてゆく。途中、崖の上から恐る恐る覗き込んでみると、谷底までの距離は優に一〇〇〇メートルはあろうかと思われた。十時、清冽な谷川に出る。いよいよランチュン・チョルテンは近い。一同、水ごりを取る。ヒンドゥー教徒である連絡官も、川べりに屈み込み、神妙な顔つきで髪の毛を濡らしている。「ここは仏教の聖地のはずだが……」と問いかけると、「ブッダはヴィシュヌ神の化身の一つだから」という答が返ってきた。

小休止の後、谷川に沿って登ってゆくと、右手の絶壁の高みに大小の洞窟が口を開けている。最も大きな洞窟の庇の下には石積みが見え、タルチョがはためいている。急な石段を上りきり、門を潜って、ようやく大洞窟の入口にたどりついた。息が切れて、しばらくは立ち上がることもできない。クンガテンジンという堂守の老人が茶を振る舞ってくれる。茶といっても、でがらしのひどく薄いものであるが、この時ばかりは大変な美味に感じられた。

それにしてもランチュン・チョルテンとは、よくも名づけたものである。それは間口四〇メート

ル、奥行二〇メートルほどのドーム型の鍾乳洞であった。この洞窟の入口は平石を積んだ壁で囲まれている。この壁の内側には巡礼宿に使われる石造りの小屋がいくつかあり、壁ぎわに燃料の薪が積まれている。階段を上って奥に進むと、正面に杜松の枝が差し込まれた四角いチョルテンが四基並んでいる。そのうち中央のチョルテンにはパドマサンバヴァ、左の一基には釈迦牟尼仏、右の二基には無量光仏と四臂観音が描かれている。その前には杜松の枝葉を焚くための香炉がしつらえられ、「オン・マニ・ペメ・フーン」の観音の六字真言などが刻まれた石板が供えられている。

しかしこれらのチョルテンは、人間が作ったものにすぎない。この洞窟の御神体は天然のチョルテン、つまり巨大な鍾乳石である。右に聳《そび》え立つ一〇メートル近い最大の柱は、ブムパ・ランチュン、文字通り「自ら生じた仏塔」と呼ばれている。左に盛り上がっているのは、ネーテンチュドゥク（十六羅漢）である。その奥にある第三の柱はツォクブム（「十万のツォク」、ツォクは仏への供物の一種）と呼ばれている。ブムパ・ランチュンの根元にはパドマサンバヴァの姿を型押しした巨大なツァツァが立ててあるが、実はこれは深い穴の入口の蓋なのだという。鍾乳洞ならば十分あり得ることである。

洞内はいたるところに「オン・マニ・ペメ・フーン」の真言が刻まれ、岩の天井からは無数のカター（儀礼用スカーフ）が垂れ下がって、神秘の霊場の雰囲気を盛り上げている。

クンガテンジン老に話を聞く。彼は今年七〇歳。カム（東チベット）出身のゲルク派僧侶である。インドで十七年間修行した後、二十数年に亘って様々な聖地を巡礼し、一年七ヵ月前にここにきた。巡礼者から食料を分けてもらいながら、この聖地の整備に努めている。命終わるまでここに止まり

ランチュン・チョルテンはドーム型の鍾乳洞である。正面奥の鍾乳石がブムパ・ランチュン、左には人工のチョルテンがある

ランチュン・チョルテンの堂守クンガテンジン。バターの灯明を
捧げ持っている。パドマサンババヴァの事績を話してくれてた。

たいという。

続いて彼は、パドマサンバヴァの事績について語ってくれた。それはこの地方に伝わる伝承を、彼なりにアレンジしたもののようであった。

「グル（パドマサンバヴァ）は、カトマンドゥからヤンレショの洞窟を経て、グル・サンプ（「グルの秘密窟」、ダウラギリ山中）にお越しになった。そこで三年三月三日の間瞑想してから、クッァプテルガ（ジョムソン近郊）に行って、身代わりの五宝を残された。それからチュミクギャツァ（ムクティナート）に『サラメンバル、チュラメンバル、ドラメンバル』（天然ガスが燃える霊蹟）を作られた。次にテタンの三ヵ所に岩塩を埋蔵された。それからここにお越しになり、この洞窟を造られた。下の小川もグルの神通力によって湧きだしたものじゃよ」

私が、「あなたはゲルク派なのに（ニンマ派で尊崇される）グル・リンポチェに仕えるのか」と尋ねると、彼は「それは問題ではない」と、この時ばかりは力を込めて答えた。

その後、老人は私を洞内一周に誘った。前述の三つの鍾乳石の周囲を右遶する道である。彼は先に立って岩場をするすると登った。最初に見せてくれたのはドルマ・ランチュン（自ら生じたターラー菩薩）である。岩に刻まれた二五センチほどの像が、灯明の煤で青黒くなっている。否、「刻まれた」というのは俗人の曲解であろう。これは岩の中から自然に生じたドルマなのだから。続いて彼は、同じくランチュンのカサルパナ観音やパドマサンバヴァ、さらにトゥッチが紹介する伝アティーシャ像を見せてくれた。アティーシャは、十一世紀にネパール経由でチベットに入り、古代チベット王国の崩壊（九世紀）以来衰えていたチベット仏教の復興に貢献したインドの高僧である。こ

れらはドルマより大きく、四〇センチから六〇センチある。これらのランチュン像は、たとえ壊されてもまた同じ形が岩の中から現われると信じられている。

忘れがたいのは、クンガテンジン老の静かな表情である。そこには「この道で食べている」という俗臭がまったく感じられない。日夜仏に奉仕することだけに満足した行者の顔である。

やがて出発の時がきた。崖を下りながら振り返ると、彼が水入れを持って谷川に下りてこようとしていた。私たち疲れた巡礼者に茶を施したために、飲料水が切れたのである。

トゥッチが指摘しているように、ここは仏教伝来以前からの聖地だったのだろう。それがパドマサンバヴァ信仰に結びつけられて、現在のような聖地に生まれ変わった。小川を下った所で待たせておいた馬に乗り、再び断崖の道をたどると、前方にそびえたつ岩壁に刻まれた複雑な模様が、まるでヒンドゥー教の神殿の外壁を飾る神々や動物のレリーフのように見えて仕方がなかった。ランチュン（自然生）と言うならば、まさにこれこそランチュンではないか。

峠の雨

私たちは、谷底から吹き上げる冷たい風に背中を押されるようにしながら谷を登った。この頃から雲行きが怪しくなり、風に雨粒が混じりはじめる。谷を登り切った所がサンモチェの宿（三八〇〇メートル）であった。サンモチェは、シャンモチェン、あるいはサンボチェなどとも綴られる。チベット語の標識は「サンモチェ」となっているが、どれが正しいのかはっきりしない。

かつてここには家が一軒あるだけであった。外国人がくるようになってから、宿泊所が作られ、家が三、四軒に増えた。とは言っても、ここがひどく寂しい場所であることに変わりはない。

サンモチェ峠（四〇〇〇メートル）にさしかかる頃から、本格的な雨になった。この乾燥である。雨といっても、濡れる端から乾いてゆくようなものと思い込んでいた。しかしこれはかなりの吹き降りである。ついにたまりかねて、ポケットにねじ込んでおいたポンチョを取り出し、馬に乗ったまま、肩掛けカバンとカメラの上から被る。

やがて遠くにゲリン（三五一〇メートル）の村が見えはじめた。トレッキング・マップのカバーにもなっている、きれいに彩色された四角いチョルテンの横を通るが、写真を取る気にもなれない。ただひたすら長い坂を下って行く。

馬方の一人が大声で経文を唱えはじめる。

「……ジクメー（怖れなし）、ジクメー、ジクメー……」

彼はジャルコットから雇われてきた色の黒い痩せた男で、馬を引きながら絶えず何事かを独りごちている。あれは馬と話をしているのだ、というのが私たちの間の評判である。彼はこの辺りの地理に詳しく、またとても信心深い。この自然現象に精霊の息吹を感じているのかもしれない。

ゲリン（チベット語名ゲルン。地図ではギリンとも表記される）は、両側を山に挟まれた傾斜地に開けた三十軒ばかりの集落である。家々は、他の村のように密集せず、柳の林と畑の間に点在している。

村を見下ろす小高い丘の上にゾンの跡が見える。またその中腹にはゴンパの廃墟がある。廃墟がこうも多いのは、かつてこの地方を襲った戦乱のためか。あるいは、仏教の衰退が大伽藍《がらん》の維持を困

難にしたためだろうか。いずれにしても、ここでかろうじて生き残っているのは、この丘とは反対側の山の斜面にある二つの赤いお堂だけである。この二つは、赤白青の縦縞が鮮やかなチョルテンとともに、昔のゴンパの廃墟の下に立っている。

だが今はゴンパどころではない。散々に濡れそぼった私たちは、ゲストハウスを営む農家に逃げ込んだ。ネパール製ラーメンの「ララ」と「ワイワイ」で腹を満たし、濡れた衣服を乾かしながら雨の止むのを待つ。今日中にどうしても隣り村のゲミまで行かなければならない。すでにテントも寝袋も食料も、大きな荷物はすべて、ラバの背に揺られてゲミに向かっているのである。「雨さえ止んでくれたら」と当たり前すぎる言葉がつい口に出る。

ズボンが乾くと、私は毛布を借りて客間の寝椅子にしばらく横になった。だがこれが大失敗であった。待ち構えていた蚤《のみ》か南京虫に、無防備な手首と足首を散々喰われてしまったのである。

死んだ村

雨はそれから一時間ほどで上がった。ゴンパには帰りに寄ることにして、急いで出発する。ゲリンの裏山はガスが垂れこめ、中腹まで新雪に覆われている。里の雨が山では雪になったのだ。峠が吹雪にならないことを祈りながら、タランガの黄色い花がほころびはじめた荒野を進む。タランガ（学名アストラガルス・グラハミアヌス）はマメ科の植物で、前年の葉柄が鋭い針となってその全身をおおっている。

幸い峠は無事に過ぎ、長い下り坂を北へ北へと進むうちに、前方のなだらかな山々の連なりに日が当たりはじめた。やがて、丘と丘との間に特徴のある山容が現われる。それは青紫色をした、ひしゃげた菱形の岩壁で、浸食が刻みつけた深い縦皺とは別に、水平方向に走る断層の無数の線がきれいな縞模様となっている。

さらに下って行くと、ムスタン・チュの支流が削った深い谷の向こうに、異様なものが見えはじめた。一見したところ、それは石垣か何かで区画された広々とした耕地である。しかし全体に灰色の幕が掛けられたようになっている。畑というよりは、以前に畑だった砂漠、もしくは死んだ畑である。次にはその隣りにゴーストタウンが現われた。

トラさんによれば、あれは昔のゲミの村であるという。その村がなぜ見捨てられたのか。おそらくは水涸れが原因であろう。それがいつのことなのかは分からない。だが少なくとも、トゥッチがこの道をたどった半世紀前には、村はすでに廃墟と化していたようだ。

何百年もの間、木を植え、石を積み、水路を作って広げてきた畑も、水が涸れれば、一朝にして山砂漠に飲み込まれてしまう。外国人の目には「桃源郷」とも映るムスタンの村々が経験してきた苛酷な歴史を垣間見る思いがした。

さらに下り、ある角を左に曲ると、眼下に今度は生きたゲミの村（三六九〇メートル）が忽然と姿を現わした。

ゲミ

ゲミはガミとも呼ばれる。ムスタン・チュの支流の断崖の縁にかたまった三十軒ほどの集落である。崖の張り出し部分にどっしりとしたムスタン王の行宮があり、その側に赤い壁と黄色い小さな屋根を持つゴンパが立っている。必要なものだけをコンパクトにまとめたようなそのたたずまいは、小さな都市国家を思わせる。上流の赤い岩壁には、チュクサンで見たのと同じような洞窟が点々と口を開けている。

村の背後の広々とした傾斜地は、長い石垣と水路を巡らせた段々畑である。しかし下流で見られた青々とした畑とは対照的に、まだ一面灰褐色で、春の農作業が始まっているようには見えない。高度が季節の巡りに差を付けているのである。ゲリンも同じであるが、海抜三〇〇〇メートルを遥かに超えるこの一帯では、下流で行なわれているような冬麦夏蕎麦の二毛作はできない。夏季に小麦や蕎麦を作る単作である。下流の村が麦の収穫期に入ると、上流から人が出て畑仕事を手伝い、金銭か麦で支払いを受ける習慣がある。

私たちは村の入口に近い村長の屋敷に上がった。この家はゲストハウスを営んでおり、屋上には小さく仕切られたトレッカー用の寝室もできている。村の小さなメイン・ストリートの向かい側には、家畜の囲いを流用したキャンプ場があり、そこに先着したスタッフの手によってすでにテントが設営されていた。

屋上から眺めれば、いかにも穏やかな農村風景である。しかしこの村は、一九六〇年代にはチベット・ゲリラのための補給基地になっていたという歴史がある。当時の冷戦構造の中で、中国に占領されたチベットの解放を目指すゲリラ部隊が、CIAの手によって組織され、アメリカやインドで訓練を受けた後、ムスタンに投入された。その主力は勇猛果敢なことで知られる東チベットのカムバ族だった。彼らは各地に基地を作り、北のチベットに出撃した。一九六四年、ムスタン王国に二ヵ月滞在したフランス人ミシェル・ペッセルは、その著『ムスタン　失なわれたチベット王国』の中に、カムバたちの姿を活写している。結局、このゲリラ部隊は、一九七四年に、ネパール軍の掃討作戦によって壊滅するが、彼らの十五年にも亘る活動がムスタンの社会に残した傷痕は大きい。ヒマラヤ現代史の暗黒部分である。

ゲミのゴンパ

ゲミのゴンパはゴル派の小さな僧院で、シェードゥプタルギェー・リン（説法と修行が興隆する寺）と言う。本堂の前に僧坊があり、裏手には大きなマニ車を納めたお堂が付属している。僧侶は現在十九人いるという。

本堂の内部は間口約一〇・四メートル、奥行約九・三メートルの広さである。奥の仏壇は、中央に釈迦牟尼仏の金銅像を祀り、その左にゴルチェン・クンガサンポ、持金剛仏、釈迦牟尼仏、阿閦《あしゅく》仏の金銅像が、右に釈迦牟尼仏、弥勒仏、ラマ・リンチェンギャルツェン、カンサルケンチェンな

どの金銅像が並んでいる。仏壇の両脇は経典棚になっており、左に十一面観音像、右にラマ・ガワンソナムギャルツェン像を囲んでチベット大蔵経が安置されている。

壁画は、左の壁に釈迦牟尼を囲んで十六羅漢と二侍者、サンヴァラ、ヘーヴァジラ、ヴァジラバイラヴァ、グヒヤサマージャの各守護尊、ゴルチェン・クンガサンポとサキャ派の相承系譜が描かれている。右の壁には金剛界五仏と無量寿仏が並んでいる。門扉のある壁には金剛薩埵、四臂観音、黄色ジャムバラ、毘沙門天と八薬叉大将、ラモ・ヤンチェン、馬頭尊、不動尊、四面大黒天、吉祥天女、欲界天女、薬師如来などが描かれている。

これらの壁画は古いものではない。一九五六年にスネルグローヴが訪れた時、この寺は修理されたばかりで、古い絵の上に新しい壁画のための下塗りがなされていた。描かれたのはその後ということになる。天井の明かり取りの壁画はさらに新しく、一九九七年十月にタカリー族の絵師サシドージ・トラチャンとチャクラドージ・トラチャンの兄弟によって完成されたことが銘記されている。この一族は、父カマルドージの時代からカリ・ガンダキ上流域では名の知れた絵師集団であり、ムスタンの寺々では彼らの作品を多く見かける。

一般にチベット人は、壁画が傷むと、修復するよりは、むしろ塗り直し、描き直して真新しいものにすることの方を好む。「みすぼらしい」古画よりも、鮮やかな色彩とくっきりとした線を持つ新作の方に遥かにありがたみを感じるらしい。文化財的価値など二の次である。研究者にとっては残念なことだが、これも信仰が生きている証であろう。

ムスタン王の行宮は荒れ果てており、一部は本当の廃墟になっている。ここに残されためぼしい

ものはと言えば、紺紙に金泥と銀泥で一行ずつ書かれたチベット語訳の『八千頌《じゅ》般若経』一つである。この建物はすでに行宮としての機能を失っており、ムスタン王も所用でゲミにきた時には村長宅に宿泊している。このような行宮は、ゲミの他にダッマル、マラン、テンカル、ツァーランにある。村の東の外れには小さな尼寺がある。しかしここはすでに空き家になっており、ほとんど何も残っていない。

医師の診察を受ける

村長宅に戻って夕食を済ませた後、私は医者の往診を頼んだ。ここ三日ばかり満足に眠れていなかったからである。昼間は集団に引っ張られて動いているが、夜寝床に横になると、眠りというものを忘れたように目が冴えてしまう。きっかけはいろいろと思い当たるが、要はトレッキングという状況に心身が適応できないでいるのだろう。このままではどうなるかが不安であった。

ゲミには最近病院ができて、ネパール人の医師と日本人の看護婦がいると聞いていた。トラさんと片岡さんが取材を兼ねて呼びに行ってくれる。トラさんは、ドクターが留守の時には村のアムチ（チベット伝統医学の医師）を頼むつもりだという。屋上の小部屋で待っていると、ドクターと看護婦の原田てる子さんが入ってきた。頭痛なし、食欲あり、下痢はしていない。体温、脈搏ともに正常。血圧は少し高いが正常の範囲内。水はもっと飲んだ方がよい。できれば一日に三リットル。

「とにかく一度ぐっすり眠りたいんです」という私の訴えに、原田さんは、「こういうことは珍し

くないことです。大丈夫ですよ」と答える。この言葉は私を深く安堵させた。後で届けてもらった睡眠導入剤を飲む前に、危うく（?）眠りに落ちそうになるほどに。

魔女の腸

翌日午前十一時、ゲミを出発した私たちは、橋を渡って対岸の段丘の上に出た。病院はここにある。ドクターと原田さんに昨夜の首尾を報告してお礼を言い、診療代を払う。往診料と薬代で五百二ルピーは外国人向けの特別料金であるが、日本円に換算すれば安いものである（一ネパール・ルピーは約一・六円）。

原田さんは、ジョムソンに事務所を置くネパールムスタン地域開発協力会が開設したこの病院に、ボランティアとして働いている。昨年八月にオープンしたこの病院は大盛況とのこと。膝の関節が痛いといって山道を七時間歩いてきた人が、湿布一つでけろりと直り、また歩いて帰るというような例もあるという。心理的な効果も大きいのだろう。

病院は、有名なゲミのメンダン（マニの壁）の側に立っている。このメンダンは長さが約三〇〇メートルもあって、ネパール一と言われている。石と粘土で築かれた壁に、チベット文字、ランチャ文字（カトマンドゥ盆地のネワール族が用いるインド系の文字）で書かれた観音の六字真言を浅浮き彫りした自然石が何千と貼りつけてある。それが北の峠に向かってうねうねと延びている様は、まるで大蛇が谷を這い登ろうとしているようだ。

ゲミのマニ壁。この下には魔女の腸が埋まっていると伝えられる。
背後の岩山は魔女の肺が落ちたとされる場所である。

この壁には次のような言い伝えがある。仏教伝来以前、ムスタンは一人の強大な魔女によって支配されていた。この谷にやってきたパドマサンバヴァは、神通力によってこの魔女を打ち破り、その体をばらばらに引き裂いた。彼女の心臓は、現在ローゲカル寺がある場所に落ち、地中深く埋まった。肺はゲミを見下ろす断崖に落ちた。この崖が血のように赤いのはそのためである。肝臓はテタンの裏山に落ちた。そして腸はこの場所に落ちた。長大なメンダンはその腸を表わしている。魔女が調伏されると、ムスタンは仏教のパラダイスに変わった。

これは、パドマサンバヴァには付き物の調伏伝説の類話の一つである。魔女の臓器が落ちたとされる場所に寺やメンダンが建てられたのは、おそらくは自然の持つ魔的な力を永遠に封じ込めようという願いからであろう。

この壁を右に見ながら、次の目的地ツァーランを目指して馬を進める。左手の谷の奥にチョルテンが見える。これを魔女の首塚とする伝承もあるらしい。一気にツァーラン・ラ（三九二〇メートル）まで登ると、そこにはきれいな円錐形にまとまった大きな積石塚があった。あとはなだらかな下り坂である。午後一時、ツァーラン（三六五〇メートル）が見えはじめた。

ツァーラン

まもなく私たちはツァーランの西の塔門に到着した。この門は河口慧海の『チベット旅行記』にも登場する。辺りにはタルシンが立ち、張り渡された綱に無数のタルチョがはためいている。この

ツァーランの塔門。門を通して王宮の建物が見える。
右手にはツァーランのゴンパの境内が延びている。

塔門はおそらくはムスタン随一の大きさで、実に堂々としたものである。入口の両脇には、漆喰で円の中に孔雀がかたどられている。同じように東には象、南には馬、北にはガルダが表わされている。これらは東南西北に位置する四仏、すなわち阿閦、宝生、阿弥陀、不空成就の乗り物である。その四仏は、塔門の内側のマンダラが描かれた天井を囲む四方の壁に、それぞれの浄土の主人として描かれている。

ここで馬を下りて先にやり、私は遠藤さんと一緒に、田園風景を楽しみながら一本道を村に向かって歩いた。道端では男女の農民が二頭立てのゾに犂《すき》を着けて畑を起こしている。春の農作業がようやく始まったのである。

ツァーラン（チベット語名はツァンランまたはツァランだが、慣用に従ってツァーランと記す。地図ではチャラン Charang とも表記されるが、このチャはツァの転訛である）は、ローモンタンに次ぐムスタン王国第二の拠点である。人口はおよそ八百人と言われている。村はムスタン・チュの支流ツァーラン・チュの高い河岸段丘の上にある。村よりも一段高い丘の上に王宮がそびえ、これと峰続きのもう一つの丘にゴンパがある。ゴンパの本堂の一部と境内を囲む石垣は、白、赤褐色、青みがかった灰色の三色の縦縞でカラフルに塗り分けられている。すでに何度か目にしたこの意匠は、サキャ派に特徴的なものである。村の郊外には耕地が広がっており、それはツァーラン・チュに沿って、上流のマランの村まで延びている。

ツァーランでの滞在先は、村長ロプサン・ビスタ（七二歳）の屋敷であった。ロプサンの妻はムスタン王の一番下の妹である。王には姉が一人、妹が三人いて、いずれもムスタンの有力者に嫁い

でいる。ムスタン王家が、領内各地の有力者と姻戚関係を結びながら、自己の権力を保持してきたことがうかがわれる。

ゲミの村長宅と同様、この家もトレッカー相手にゲストハウスを営んでいる。私たちはここに二泊して、王宮とゴンパを調べる予定である。

部屋で休んでいると、突然、「ラジャ（王）がおなりになった」という報せが入った。急いで出て、迎えの列に入る。ツァーランに近いダッマルで開かれた農事祭に出席した帰りという。第二十五代ムスタン王ジクメーパルバル・ビスタは、六六歳になった今も愛馬で達者に「領地」を回っている。二年前、私はゲミの村長宅で王に出会ったことがある。その時の王の用事は、ゲミとゲリンの草争いの調停だった。時には夫婦喧嘩の仲裁までするという。現在の王には武力らしいものはほとんどないが、慣習という伝統社会では最も強力な武器によってこの地を治め、領民に対して裁判権をもって臨んでいる。

ラジャはショという骰子博打《さいころばくち》をいたく好まれる。ショはチベットでは広く普及したゲームで、骰子には羊の足の軟骨が使われる。今日も一仕事終えて、これから手慰みをするらしい。お相手は村長の息子のツェワン・ビスタとトラさんである。

河口慧海のツァーラン滞在

ツァーランに着いたら慧海の滞在先を確かめたい、と私は考えていた。

一八九九年五月二十一日、慧海は、モンゴル僧シェーラプギャルツェンに伴われて、下流のトゥクチェ村からこの山里に着いた。第一章で述べたように、慧海はムスタン経由でチベットに潜入する計画を立て、ポカラを経てカリ・ガンダキ峡谷に入った。ところがトゥクチェまできたところで、その三ヵ月前からチベット政府が、ムスタンからチベットに入る道に兵士を置いて守らせるようになったため、外国人や風変わりな人間はもう誰も通れない、ということを知る。彼はここまできて進路の再検討を迫られたのである。

おりしもトゥクチェの寺には、ツァーラン在住のシェーラプギャルツェンという学僧がきていて、僧侶たちに経文を教える傍ら、医療活動を行なっていた。慧海は彼に相談をもちかけ、中国仏教とチベット仏教とを教え合うことで話がまとまった。慧海としては、とにかくツァーランまで行って、チベット仏教を学びながら、チベットへの間道を探ろうという作戦である。

ツァーランで慧海は、村長の家の持仏堂に寄宿した。ここで暮らしながら彼は、毎日六時間ずつシェーラプギャルツェンの講義を聞いた。二人は時々仏教に関する意見が衝突し、大声で議論し合って近所の住民を驚かせた。日曜日には講義を休みにして、近くの山の中に入り、石を背負って山に登る訓練をして、来るべきチベット潜入に備えた。このようにして彼は実に十ヵ月もの間この山里に留まっていた。

ツェワン・ビスタが、今は空き地になっているその場所を教えてくれた。彼は、以前ムスタンとトルボで慧海の足跡を追った根深誠氏の依頼を受けて、慧海が滞在していた家を探した。慧海が世話になっていた村長の名前を「ニェルバ・タルボ」と聞かされていたので、それが「ニェワダウ」

のことと分かるまでには、それなりに時間がかかったという。

慧海はとても潔癖な人だったので、村人たちの性風俗と不潔さをどうしても認めることができず、『チベット旅行記』の中でこれを手厳しく批判している。それでは、彼は村人たちに冷淡だったのかと言えば、事実はむしろその逆である。彼はツァーラン滞在中に十五人に酒をやめさせ、三十人ほどに煙草の葉を嚙んで苦い汁を飲む習慣を改めさせている。正月にはご馳走を作って、単調な生活をしている山里の人々を喜ばせた。病人には快く手持ちの薬を分け与えた。そのようにして人々を少しでもよい方向へ導くことを、大乗仏教の修行者の義務と心得ていたのである。

トルボ地方からチベットに入ることを思い立った慧海が、一旦下流のマルパに行くためにツァーランを去ったのは、一九〇〇年三月十日のことである。この日、百人以上の村人が、チャクワン（摩《ま》頂《ちょう》、按手礼《あんしゅれい》）を求めて村外れに集まった。徳の高いラマに祝福を受け、少しでもよい後生を得ることが彼らのささやかな願いであった。彼は一人一人に心を込めてチャクワンを授け、懇ろに別れを告げると、「わがツァーラン村に居る間親切にしてくれた人々がますます仏道に帰依して永く幸福を受けらるるように」と願をかけて村を後にした。

夕暮の中、塔門の立つ丘に向かって去ってゆく彼の後ろ姿は、私のイメージの中では、無双の美しさをたたえている。

ツァーラン王宮

翌日の午前中、私たちは王宮とゴンパの調査にでかけた。

王宮の名前はサムドゥプゲペル（「願いを叶え善を増す」の意）という。十六世紀中頃にムスタン王トゥンドゥプドルジェによって建設された。現存する建物は五階建てと言われているが、確実なところは分からない。これに隣接してかなりの規模の廃墟がある。

この王宮は、すでに一九六〇年代にはムスタン王もめったに使わなくなっていた。内部は荒れており、見学できるのはごく一部に限られる。しかしセルカン（黄金堂）と呼ばれる仏間には、数々の貴重な文化財が眠っている。

セルカンは、建物の入口から急な木の階段を上った二つ目の階にある。扉の横の壁には「モンゴル人虎を馭《ぎょ》す」の図が残っている。ひどく傷んでいるが、筆致は見事である。「モンゴル人虎を馭す」は、チベット人が最も好む縁起物の絵の一つである。

堂内は奥の棚に仏像が並べられ、左右両側の棚には経典が安置されている。仏像の中心は、光背を持つ木彫の観音菩薩立像である。「ヒマラヤ美人」と呼びたくなるようなこの美しい像は、カサルパナ観音とされ、ラサのポタラ宮に蔵されている古代チベット王国建国の英雄ソンツェンガムポ（五八一―六四九）の守り本尊を模刻したものと言われている。中央チベットのシャル寺には、これと様式は異なるが、図像の特徴がよく一致する像があり、やはりカサルパナと伝えられている。チ

ツァーラン王宮の仏間セルカンの中で僧侶たちが読経している。この部屋の棚には豪華装丁のチベット大蔵経が納められている。

セルカンに安置された観音菩薩像。髪型と冠に特徴がある。ムスタン王
はこの像を通して古代チベットの法王にあやかろうとしたのか。

ベットではある時期、ソンツェンガムポの持仏と伝えられる聖像を模刻することが流行したのかもしれない。

この観音像の左上の棚には、様式の似かよったどっしりとした塑像が三つ置かれている。これらは、ムスタン王国の初期に活躍した「三人のサンポ」（サンポ・ナムスム）、すなわち中央が王アマパル（サンポ）、左がラマ・ゴルチェン・クンガサンポ（一三八二―一四五六）、右が大臣ツェワンサンポであると言い伝えられている。しかしながら、台座に記された銘文から、中央の像はサキャ派の座《ざ》主《す》クンガロドェ（十八世紀）、右の像はラマ・ツェワンノルブジャムヤンギャムツォであり、これらを造らせたのは、十八世紀後半のムスタン王ワンギャルドルジェであることが分かる。左の像は銘文はないが、ゴルチェンと見てもよいだろう。

観音像の右手の棚には、金銅製のチョルテン、弥勒、ターラーが置かれている。さらに左下には仏や高僧、法輪、三宝などをかたどった大小の塑像とツァツァが並べられている。

経典は丈夫な布で梱包され、彫刻が施された経帙板《きょうちつばん》で挟まれている。数帙開けて見せてもらうと、それはチベット大蔵経カンギュルの写本であった。チベット大蔵経はカンギュル（仏説《ぶっせつ》部）とテンギュル（論疏《ろんそ》部）の二部立てになっている。カンギュルは経と律を含み、テンギュルは論書を収める。チベット大蔵経は初めは手書きで写されていたが、後には中国の技術を取り入れて、木版印刷されるようになる。しかしカンギュルは、写経の功徳を求めて、豪華な写本が作りつづけられた。

しかしそれにしてもここにあるカンギュルは、紺紙金泥の経文に美しい細密画を添えた大変な豪華本である。当地の伝承によれば、これを作らせたのはゴルチェンであるという。確かにゴルチェ

セルカンの諸像。上の写真は弥勒とターラーの金銅仏。下の写真は、上段が「三人のサンポ」と誤伝されてきた塑像。下段には祖師像が並ぶ。

セルカンに蔵される経典の一例。上はサキャ派が重視する密教経典
『ヘーヴァジラ・タントラ』の最初の頁。下はその経帙板である

ンの伝記には、彼がムスタンで「金文字で書写されたカンギュル」の建立を指導したことが記されている。だが今のところ、ゴルチェンのカンギュルとこのカンギュルとをストレートに結びつけてよいかどうかは分からない。

このカンギュルとは別に、この部屋には大型の『八千頌般若経』が木製の櫃《ひつ》の上に置いてある。料紙の寸法が縦三〇センチ、横七五センチもある特装本である。重量は分厚い二枚の経帙板を含めて二五キログラム以上ありそうである。これを肩に担いで、もし軽く感じたら、その人は善人、重く感じたら悪人であると言い習わされている。

セルカンと同じ階には、護法尊を祀るゴンカン（護法堂）もある。ゴンカンの主人は厨子《ずし》に入ったクルギゴンポである。壁の一角には護法尊の仮面や刀剣、兜《かぶと》、鎖帷子《くさりかたびら》、盾《たて》などの古い武器が掛けられている。その中に干からびた人間の手が混じっていて、ぎょっとさせられる。これを雪男の手と説明するガイドもいるようだが、刑罰で切り落とされた盗賊の手という推測が当たっているように思われる。

しかしこれももはや見せしめの力をなくしたのだろう。数年前、セルカンに強盗が入り、コンニェル（鍵を持つ財産管理人）を縛り上げて、経典数帙を奪う事件が起きた。そこで今では、出稼ぎで村に人が少なくなる冬場には、仏像・経典を村長宅の仏間に移すという措置が取られている。

続いてゴンパに向かう。このゴンパはゴル派に属し、正式名称はツァーラン・ドルジェデン・トゥプテンシェードゥプタルギェー・リン（ツァーランの金剛宝座、仏の教えを説くことと修行が興隆する寺）という。ムスタンの王統史を記した『ツァーラン・モッラ』という文献によれば、この寺を開いたのはアマパル王（十五世紀前半）その人とされる。しかし現在の伽藍の中心をなすツクラカン（仏殿）は、十六世紀末から十七世紀前半までの間に、時のムスタン王サムドゥプドルジェによって建立された。

僧侶は現在百二十二人いるという。今のムスタンでは最大の僧院である。一九九二年の夏に根深氏がここを訪れた時には、僧侶はたったの九人しかいなかったというから、この僧院の住人は、この八年で十数倍に増えたことになる。境内には村人たちによって厨房が建設中で、大釜を据えるための竈が作られていた。人員の増加に伴って施設の整備が進められていることがうかがわれる。ムスタンで最も重要なセンターの一つが、こうして少しずつでも昔の栄光を取り戻そうとしていることは、衰退の道をたどってきたカリ・ガンダキ流域の仏教全体にとって明るい兆しと言えよう。

ツクラカンには集会《しゅうえ》堂やゴンカンがある。集会堂は柱が四本ずつ四列になった中規模のホールである。そこにゴルチェン・クンガサンポの宝座が置かれ、仏壇がしつらえられている。仏壇の中央には二人の脇侍《きょうじ》菩薩を従えた大きな弥勒仏が祀られている。ネパールの金銅仏の傑作である。その左に釈迦牟尼仏、右に金剛薩埵、その右の仏壇の前に釈迦牟尼仏の金銅仏が並ぶ。左奥の棚に経典と共に並べられたダマルワ、ガヤダラなど十六人の祖師たちの小金銅像も興味深い。

さらに堂内の柱には大型のタンカがおよそ二十幅も掛けてあり、他ではちょっと見られないほど

の壮観である。その中にはゴルチェン・クンガサンポのセルタン（金地のタンカ）、もう一枚のゴルチェン像、サキャパンディタのタンカ、サキャパンディタとゴルチェンが向かい合った図、クルギゴンポのタンカなどが含まれている。

壁画の主題は、金剛界五仏、千仏、十六羅漢などで、これまで見てきたゴル派の寺院と大差ない。一方、ゴンカンにはクルギゴンポの像が祀られており、クルギゴンポ、婆羅門《バラモン》の姿をした大黒天、忿怒形の女尊マクソルマの各タンカ、大黒天に捧げられたトルマ（ツァンパなどの粉を水、砂糖、蜂蜜などで練って作った筍状の供物）などがある。ツクラカンには正面の門廊の右にも入口があり、中には大きなマニが設置してある。そこから階段を上ったところにゴンカンへの入口があり、雪豹の剝製が吊されている。屋上には僧院長の居室があると報告されているが、今回は見学できなかった。

境内の奥にもう一つお堂がある。四天王、六道輪廻図などが描かれた門廊を通って堂内に入ると、四方の壁に、釈迦牟尼と十六羅漢・二侍者、金剛界五仏、無量寿仏、薬師如来、持金剛仏、弥勒、パドマサンバヴァ、祖師、四臂大黒天、クルギゴンポなどが描かれている。この堂の壁画は、ツクラカン集会堂のものより明らかに古く、また見応えがあった。

トゥッチは、「かつてツァーランは画廊のようだった」と述べた。画廊という形容は、ツクラカン集会堂とこのお堂に関する限り、今でも十分にあてはまるものである。

現在、集会堂の内部は写真撮影が禁じられている。いいものがあると知れると、泥棒に狙われやすくなるというのがその理由らしい。片岡さんの取材によれば、外国人がきた日の夜には、村人が交代で王宮とゴンパの見回りをしているという。私たちを見る地元の人々の目は意外に厳しいので

ツァーランのゴンパ内に吊された雪豹の剝製。魔を祓うための呪物で、野生のヤクや山羊が使われることもある。

ツァーランのゴンパの一堂宇に描かれたチベットの祖師。
15世紀に活躍したタントンギャルポかもしれない。

ある。

その晩、食後の歓談中に青木さんがぽつりと言った。「毎日これだけたくさんの仏様を見ていると、何かかえってそら恐ろしいような気分になってくる」

これを聞いて私ははっとした。六日目ともなると、寺回りも一つの仕事である。仏像が信仰の対象であるという当たり前の事実も忘れがちだ。私の場合、研究という大義名分があるからなおのことである。信仰の立場から言えば、仏像には良いも悪いも、上手も下手もない。それなりの形を備えていれば、あるいは形すらはっきりしていなくとも、皆等しく有難い仏なのだ。この辺りで一度初心に帰らなければなるまい。

ローモンタンが見える

五月八日午前十時、ツァーランを出た私たちは、ツァーラン・チュの谷を越えて、一路ローモンタンを目指した。途中、大きなチョルテンの傍らを過ぎる。これはツァーランとローモンタンの境界の目印である。その先の草が生えた気持ちのよい野原で休憩を取る。川原の向こうの崖には、明らかに人の手が加わった四角い洞窟が十数個口を開けている。これはかつての修行窟という。

午後一時、風の強いロー・ラ（三九五〇メートル）の頂上に立ち、砂礫の丘の連なりの向こうに、ついにムスタン王国の心臓部、ローモンタンの野を一望した。それは、中央にある丘陵にさえぎられて、すべてを見通すことはできないが、ムスタンでこれまでに目にしたどの平地よりも遥かに広

大である。早春のことで緑はまったく見えない。灰褐色の丘と灰白色の平原。そのすべてが強烈な太陽光に照らされて、ゆらゆらと揺らめいているように見える。

私たちの視線を釘づけにして放さないのは、やはり城郭都市ローモンタン（三七六〇メートル）の姿である。チャムパ、トゥプチェンの二大殿堂と四層の王宮を擁するこの都も、遠目には茶色と白の積み木を入れた箱のようにしか見えない。それは、周囲に押し寄せている砂漠のような大地の中では、海中に没しかけている方舟《はこぶね》のように頼りなげだ。だが春から夏にかけて、この平原が一面緑の沃野に変わるのである。

私たちは、予め用意してきたタルチョを結んだ綱を、峠の切り通しの両側に立つタルシンの間に張り渡すと、「ハーギャロー……」を叫びながら、ツァンパを空中に投げ上げて、目的地への無事到着を神々に感謝した。それから小さな王城に向かって、ゆっくりと坂を下りていった。

第三章　王城の四日間

ローモンタン

ローモンタンでの落ち着き先は、東の城外にあるキャンプ場であった。その表側は一部二階建ての旅舎になっている。二階の食堂はまだ塗装が終わっておらず、昼間は職人が壁にチベット風の装飾文様を描きつづけていた。おかげで私たちは、毎日ペンキ塗りたての部屋で食事をするはめになった。

ところで、この建物に使われている木材は、この辺りの民家に見られるような自然木そのままの丸太ではなく、立派な角材である。聞いてみると、北の中国領チベットから輸入されたものだという。半年ほど前からチベットの商人が上流のニチュンまでトラックで商品を運んでくるようになった。つまりそこまではトラックが通れるほどの道路が、チベットから延びてきているということである。おかげで食料・日用雑貨から木材・セメントに至るまで、南から運び上げられるものよりも安い値段で買えるようになった。例えば、米一キログラム五十ルピーだったものが、今では三十二

ルピーで手に入る。洋酒などの嗜好品も入りはじめている。そのうちにローモンタンでも、新疆《しんきよう》ウイグル自治区産のハミ瓜が食べられるようになるかもしれない。

この動きは今後、ムスタンの社会に大きな変化をもたらすに違いない。もともとムスタン人はチベットとの交易で栄えた民である。それが政治情勢のために不自由を強いられていただけなのだから。


さて、ローモンタンは、南のドクポ・ロン（ドクポは「谷」の意）と北のチョロ・ドクポに挟まれた東西に長い台地の上にある。チョロ・ドクポの北にそびえる円錐形の山の頂とその下の小山には城砦の跡がある。これは、ムスタン王国の創始者アマパル王が築いたもので、山頂の城砦はカチュー（ケツァル）・ゾンと呼ばれている。確かに、この見晴らしのよい山は、この地域全体に睨みを利かせるのには、おあつらえ向きの場所である。

ローモンタンは周囲を高さ七、八メートルの城壁で囲まれている。正式な門は北門一つしかない。門の右横には大きなマニを二つ入れたお堂がある。ここから北のチョロ・ドクポの崖の縁まで、タルシン、石垣、土壁、チョルテン、カンニの列が長く続いている。この町もまた北、つまりチベットの方角に顔を向けているのである。

この門を潜ると、どっしりとした四階建ての白い王宮がそびえている。王宮の門は東を向いており、その前は小さな広場である。ムスタン最大の祭ティジ祭は、ここを主会場としてチベット暦の四月七日から三日間に亘って行なわれる。民家の壁にパドマサンバヴァを中尊とする織物の大タンカが掛けられ、チャムが奉納される。魔をかたどった人形がプルパ（金剛橛《けつ》）によって引き裂かれ、

ローモンタンの王宮の屋上に立つタルシン。根元には動物の角
や頭骨がうず高く積まれ、王宮を悪霊から守っている。

王宮の屋上から眺めたローモンタンの街並み。中世的雰囲気を漂わせる城郭都市だ。中央の赤い建物はチャムパ・ラカン。

春の大祭ティジでは王宮前広場にパドマサンバヴァの大タンカが掲げられる。この聖者の霊力を借りて大地の再生を祈るのだ。

ティジ祭で首座を務めるタシーテンジン師。チョエデ・ゴンパの僧院長で、ムスタンで最も尊敬される僧侶である。

ティジ祭では僧侶たちによって仮面舞踏（チャム）が行なわれる。
英雄神が魔を退治して大地に水を取り戻すことが主題だ。

ティジ祭のひとこま。瞑想に入った僧侶が魔をかたどった人形に
金剛橛を突き立てる。調伏法による悪魔祓いである。

悪魔祓いがなされる。今年の祭は五月三十日から六月一日にかけて行なわれた。

王宮の西側にチャムパ・ラカンとトゥプチェン・ラカンの二つの赤いお堂が並んでいる。町の西北の張り出し部分は、ゴル派のチョエデ・ゴンパの敷地である。その他、屋根を付けた大きなチョルテンが、トゥプチェンの裏の城壁に沿って四基、トゥプチェンの左脇に八基並んでいる。八基のチョルテンは釈迦牟尼の生涯の事績を象徴する八大霊塔である。

以上が城内の主要建築物である。この間を二階建て、三階建ての民家がぎっしりと埋めている。道路は狭く鉤型に曲っており、所々トンネルになっている。家々は道路に窓の少ない高い壁を向けている。慣れない者にとっては、町中がまるで迷路である。ローモンタンの戸数は二百に満たず、人口は八百人から千人と言われている。

この町の名称には、いくつかの異なった綴りと発音がある。ローモェタン、ローモンタン、ローマンタン、ローメンタン。このうちローモェタンが最も古い形と言われている。しかし現地では、ローモンタン（Glo sMon thang）が一般的であり、本書もこの形を用いている。ただし sMon は、より正確には、ムン mön という音に近い。

ローモンタンは「ロー国（ローオ）のモンタン」の意味である。モンタンのモンは「祈願」、タンは「平原」を指す。なぜここが「祈願の平原」なのか。私が聞いたのは、アマパル王がこの地でモンラム（祈願祭）を行なった。その功徳によってここに広い平原が現われ、人々が豊かに暮らせるようになった、という話である。ムスタンという地方名も、モンタン（あるいはモェタン）からきている。

ムスタン王との会見

その日の午後、私たちは王宮タシーゲペル（「吉祥と善を増やす」の意）にムスタン王を表敬訪問した。

王宮の門廊から暗い急な階段を上ってゆくと、聞き慣れない足音にチベッタン・マスチフの黒い番犬たちが騒ぎだした。この建物は四階建てで、ラサのポタラ宮のような華麗な装飾はない。地方領主の館にふさわしい、がっしりとした簡素な造りである。私たちがここに何度か足を運ぶうちに通されたのは、王の居間兼謁見室、仏間、書庫、晩餐に使われた部屋の四室だけであった。他にもたくさんの部屋があるに違いない。ただその多くは普段はあまり使われていないように思われた。

ムスタン・ラジャは、いつも通り、四階にある居間兼謁見室の自分の席に胡坐を組んで座っていた。側にラニ（ネパール語で「女王」の意）のシトゥ妃が付いている。王より一歳年下の六三歳だが、目鼻立ちのはっきりとした上品な婦人である。

一人ずつ王の前に出て、用意のカターを捧げると、それをこちらの首に掛け返してくれる。王や高僧など貴人に会う時には、この儀礼用スカーフが必要だ。ローモンタンの雑貨屋では、「タシデレ」（「こんにちは」「乾杯」などの意）などの文字を織り出したカターが売られている。

ムスタン王は、ネパール政府から、一代限りでラジャの称号と自治権を認められている。ネパール王国内の藩王の一人という位置づけである。王は領内の各村に「王の畑」を持つ大地主である。

ティジ祭に出席したムスタン王ジクメーパルバル・ビスタ。羽飾りの付いた帽子を被り、カターを首に掛けている。

またカトマンドゥに絨毯工場を持っているとも聞く。しかしその暮らしは贅沢とは縁遠いものに見える。

かつてムスタンはチベット・インド間の塩交易によって富を蓄えていた。しかし十八世紀後半、この国は西のジュムラとの戦争に敗れ、その従属国となる。さらに新興のゴルカ王朝（現ネパール王家）がジュムラを征服したため、今度はゴルカに臣従する。しかし、ムスタンはその後も事実上の独立を保っていた。

ところが、ネパール・チベット戦争（一八五四—五六年）をきっかけに、カリ・ガンダキ上流域で、タカリー族のスッバ（郡長）が台頭した。タカリーは、ゴルカ王朝の威光を背景に、ムスタン王からヒマラヤ交易の利権を奪い、その政治力・経済力を衰えさせた。一九六〇年代に入ると、ヒマラヤ国境の全面閉鎖とカムバ・ゲリラの活動が、ムスタンの社会を疲弊させた。現在の王家は、財政難に加えて、権威の低下という悩みも抱えているようだ。

型通りの挨拶がすむと、私たちは、王宮に所蔵されている「黄金の経典」の拝観など、いくつかのお願いをして快く許され、最初の拝謁を終えた。

なお、私たちがローモンタンを去ってしばらくしてから、王宮の部分改築が始まった。老朽化した棟を取り壊して、新しい建物を建てるのである。村ごとに総出でローモンタンに出仕し、一週間から十日ずつ労働奉仕する。伝統的な夫役の義務がまだ生きているのだろう。完成は来年になる見通しという。

王宮の改築工事の有様。老朽化した建物の一部が取り壊されている。
王宮の内部構造がよく分かる珍しい写真である。

アムチ、頑張る

続いて向かったのは、城内の一画にあるアムチ（チベット伝統医学の医師）・テンジンサンポ（三六歳）のチベット医院である。私は二年前に彼に会って、その謙虚で穏やかな人柄に引かれていた。

テンジン師の父親、故タシーチョエサン師は名医として知られ、王室付きの司祭でもあった。一九五九年、チベット動乱に伴って、ムスタンにもチベットから多数の亡命者がやってきた。その中に高度な知識を持つ医僧が何人かいて、インドに去るまでの一年間、タシーチョエサンの家に滞在した。その間、タシーチョエサンは彼らから多くのものを学んだという。この父の薫陶を受けたのが、ギャツォ、テンジンの兄弟である。兄のギャツォは在家でマネージメントの才覚があり、弟のテンジンは出家で薬用植物に詳しい。二人の間には自然のうちに役割分担ができているようだ。

二人は今この町で医学校を始めようとしている。すでに二階建ての学舎が医院の近くに完成していた。ムスタンの村々から学生を集め、全寮制で、チベット医学、英語、ネパール語などを教え、後継者の養成を目指すという。この事業には、ネパールで活動するヨーロッパ系のNGO（非政府組織）から資金が出ている。しかし、学生の衣食は不足しており、その援助を日本に頼みたいというのがテンジン師の願いだ。

しかし、ゲミの病院の成功が示すように、西洋医学はこの谷でも威信を高めつつある。遅かれ早かれ伝統を守るだけでは相手にされない時代がくるだろう。この点、テンジン師は西洋医学からも

ローモンタン付近の山で薬草を採集するアムチ・テンジン。チベット医学の伝統を継承する彼の薬草に関する知識は深い。

よい点は学びたいという考えだ。こういう柔軟な姿勢は、アムチには稀なものと言える。彼らは栽培農場も持っており、ムスタンにしかない薬用植物を栽培して、外の世界に出荷しようと意欲を燃やしている。

チベット医学は、アーユルヴェーダ系のインド医学をはじめとする様々な医療技術・医学思想に基づいてまとめあげられた独自の体系である。脈診や尿検査に独特の方法を持ち、受精や発生の仕組みも正確に理解している。薬草の宝庫チベット・ヒマラヤで育っただけに、この分野に関する知識は他の追随を許さないほど広く深い。近年、世界的に注目を集める伝統医学である。だがその一方、ヒマラヤ地域では、激しい社会変化の中で、この伝統をいかに守り、復興させてゆくかが大きな課題となっている。テンジン師らの活動は、ヒマラヤの伝統医療の今後を占う試金石の一つになるだろう。

テンカルのリンポチェ

早朝、城内から馬や山羊が群れをなして出てゆく。一日を放牧地で過ごして夕方帰る日課である。近くの山々は新雪で覆われている。今の季節には珍しいという。

翌日から私たちは、ローモンタン以北の調査を始めた。初日はテンカル（ティンカル）にあるムスタン王の離宮とナムギャル・ゴンパである。

ローモンタン以北の一帯は、城山のある丘陵地帯をはさんで、東の谷（チュシャル）と西の谷（チ

ュヌプ）に分かれている。テンカルは西の谷の中にあり、ローモンタンから北西に三キロメートルほど離れている。王は、四月から六月までは月に十日ほど、七月はまる一ヵ月の間、テンカルの離宮で過ごすという。

夏は涼しい北の牧場で過ごし、冬は暖かい南の谷で暮らすというのが、古代から続くチベット人の伝統的な生活習慣である。現王は夏はムスタンで王としての仕事をこなし、冬は避寒のためにカトマンドゥの別宅に滞在するが、考えてみればこれも、このような伝統的ライフ・スタイルの延長線上にあると言えるかもしれない。

テンカルの手前の河岸段丘の上にゾンの廃墟がある。ここにはボン教のゴンパがあったと言われている。およそ一時間で離宮に着いた。門を入ると内庭があり、その奥に二階造りの母屋がある。この建物は一九五〇年に建てられた。当時、ローモンタンの王宮は荒れ果てており、王家の人々はローモンタンの城外やテンカルに屋敷を建てて移り住んだのである。

庭は手入れが行き届いているようには見えない。内部はどうだろうか。ところが、何としたことか。ここの鍵持ちが不在で、母屋の扉を開けることができないという。よくあること、ではある。しかしこの連絡の悪さは何とかならないものか。せめて外形だけでも把握しようと、離宮の周囲を回って写真を撮る。近くには尼寺もあるが、しばらく前に尼さんたちの間に結婚ブームが起こり、皆いなくなってしまったという。

このような訳で、テンカル行はすんでのところで収穫ゼロとなるところだった。だが私たちはここで、思いがけない人物に会うことができた。ムスタン王の兄であるニンマ派の活仏シャプドゥ

テンカルのリンポチェ。ムスタン王の兄で、かつてのツァーラン
の僧院長。毀誉褒貶の激しい人生をこの後間もなく閉じた。

ン・リンポチェである。今年七一歳になる彼は、テンカルの離宮の側にある小さなゴンパで、妻とともに隠者そのものの生活を送っていた。このリンポチェこそ、「ツァーランのラマ」と呼ばれた人物である。

まだ二〇代から三〇代の頃、彼はツァーランにいて、トゥッチ、スネルグローヴ、ペッセルに会った。一九五二年にトゥッチがきた時、彼は、王家の男子という特別な身分からか、妻帯したままでツァーランのゴンパの僧院長を務めていた（ニンマ派の活仏であるにもかかわらず！）。しかし四年後にスネルグローヴが話をした時には、僧院を出て、俗人の格好で領地を見回りながら、「誰も私を信用してくれない」と嘆いていた。そして一九六四年にペッセルが会った時には、前年に妻を亡くし、四歳になる息子と一緒に、人気《ひとけ》が失せて幽霊屋敷のようになったゴンパの僧院長室に閉じこもっていた。ペッセルによれば、彼の評判は悪く、「悪魔」と罵る者さえいた。

この聖にも俗にも徹底できない人物がよほど印象に残ったのか、三人ともそれぞれの本に写真入りで紹介している。リンポチェは私たちにざっと次のような話をした。

「わしは小さい頃からチベットで修行したが、ダクポ（凶悪な呪咀法）ばかりやっていて、シワ（息災の修法）は学ばなんだ。兄王が没した時、わしは活仏の身なので、弟が後を継いだ。ところが弟の息子は四歳で死に、それ以来男子に恵まれない。そこで話し合って、死んだ家内の生んだ息子を養子に出した。それが今カトマンドゥに住んでいるジクメーセンゲじゃ。今の家内はトルボ女での、これとの間にも息子があったが、もう死んでしまった。娘はローモンタンで弟に仕えている。わしはポカラやカトマンドゥにも住んだ。ここには二年前から住んでいる。

仏に仕えることができれば、貧乏も苦にはならない」

私がテンカルのリンポチェの死を知ったのは、帰国後三ヵ月ほどしてからである。私たちが面会してからしばらく後に亡くなったという。王家の血を受けた生き仏でありながら、妻子を持ち、「悪魔」と呼ばれたこの人物に何とも言えない魅力を感じていただけに、しばらく心残りが消せなかった。

ムスタン王家の人々

ここでムスタン王家の現状を整理しておこう。現王ジクメーパルバルは、一九三五年、第二十三代ムスタン王アングンテンジンダンドゥルの三男として生まれた。長兄は第二十四代のワンドゥニンポ王、次兄がテンカルのリンポチェである。母方の伯父にはサキャ派系ツァル派の管長チョプギェーティチェン・リンポチェがいる。

兄王は一九六一年頃に病没し、引退していた父がしばらく政務を取り仕切った。その父が亡くなった後、ジクメーパルバルが王位に就いたのである。

その妃シトゥは、中央チベットのシガツェから嫁いできた。現王は一〇代の頃、シガツェで勉強していたことがある。この町から妃を迎えたのも、この縁からかもしれない。歴代のムスタン王は中央チベット、特にラサの貴族の家系から正室を迎える習慣がある。

ちなみに、ムスタンから北に峠を越えると、西チベットの聖山カンリンポチェ（カイラース）とチ

ムスタン王と貴族たち。ティジ祭のために正装している。王の背後に立つのは甥のギュルメーワンギャルである。

ムスタン王のボディーガードを務める屈強な男。火縄銃を持っている。
彼もまたローモンタンの貴族の一人である。

ベットの都ラサの中間地点に出る。ローモンタンからラサまでは、歩いて二十五日の距離である。

リンポチェの話にあったように、ジクメーパルバルとシトゥの間に生まれた男子はわずか四歳で没し、以来子宝に恵まれなかった。そこで次兄のリンポチェの息子を養子に迎えた。これが王家の後継者ジクメーセンゲである。彼はカトマンドゥのトリブヴァン大学を卒業し、今はカトマンドゥで事業をしている。王夫妻はまた、王の一番上の妹の娘ツェコを養女にしたが、この人は早くに亡くなった。

現王には姉が一人、妹が三人いる。姉の夫は、ツァーランの村長ロプサンの兄で、その息子はガルプの村長、娘はディの村長の妻である。一番目の妹夫婦の間には、ツェコの他に、ローモンタンの役人をしているギュルメーワンギャル（ネパール語名ギャネンドラ）、ゴル派の大活仏タルツェ・リンポチェらが生まれている。また三番目の妹はツァーランの村長ロプサンと結婚し、ツェワンらを生んだ。ロプサンには亡くなった先妻との間に息子と娘がおり、息子はルリ・ゴンパのラマ、娘はゲミの村長の妻である。

以上は聞いた限りのことをまとめたに過ぎない。実際の家系はこれより何倍か複雑であろう。ともあれ、ここから窺われるのは、ムスタン王家が、各地の有力者と姻戚関係を結びながら、自己の権力基盤を固めてきたということである。それはかつてチベット高原からヒマラヤにかけて存在した土侯国の姿を髣髴とさせる。ムスタン王国は、その最後の生き残りなのである。

ナムギャル・ゴンパと黄金の経典

きた道を半分ほど戻ってナムギャル・ゴンパを訪ねた。小高い丘の上に立つ伽藍は、まるで要塞のようである。このゴンパもまたゴル派に属し、正式名称はトゥプテンタルギェー・リン（「仏の教えが興隆する寺」の意）という。ゴルチェン・クンガサンポによって開かれたとも、あるいはアングンサンポの息子タシーグン王（十五世紀後半）の建立とも伝えられている。僧侶は現在およそ四十人と聞いた。

門を入ると僧坊に囲まれた内庭があり、奥に本堂がある。本堂の集会堂は間口一〇メートル、奥行一一・五メートルほどの広さで、正面奥に仏壇と経典棚が置かれている。本尊は釈迦牟尼仏と二大弟子の金銅像で、その周囲に多数の小金銅仏と大小の仏塔が安置されている。壁画は、三世仏、金剛界五仏、一切智大日如来、各種の護法尊などと、その間を埋める小さな金剛界五仏の千仏である。集会堂の右横にゴンカンがあり、厨子の中に、クルギゴンポなどの護法尊の塑像が祀られている。それらは決して大きくはないが、異様な迫力がある。またこの部屋にはパドマサンバヴァなどの塑像をたくさん並べた棚があり、チャムの面や古びたタンカが掛けてある。シムチュン（寝室）と呼ばれるお堂には、さらに多くの塑像が安置してあった。ゴルチェンを始めとするサキャ派のラマ、インドの行者、持金剛などである。

ローモンタンに戻った後、私と松井さんは王宮を訪ね、ムスタン王の立合いの下で、有名な「黄

上はナムギャル・ゴンパのシムチュンに安置された塑像群。下段中央の大きな像はゴルチェンである。下はこのゴンパのゴンカンの仮面とタンカ。

王宮に秘蔵される「黄金の経典」の第1頁。これは代表的な大乗経典の一つ
八千頌般若経』のチベット語訳である。仏教王国ムスタンならではの宝物。

上掲の板の左右に打ち出された仏像の拡大図。精緻な仕事ぶりが、これを制作したネワールの職人たちの力量を示している。左が釈迦牟尼仏、右が般若母である。般若母は般若経を仏格化した女尊であり、『八千頌般若経』の冒頭を飾るにふさわしい。

「黄金の経典」に添えられた仏画の一例。紺紙に金泥で書写された経文の両脇を飾る。左が文殊菩薩、右が弥勒菩薩。これほどの豪華本はチベットの大僧院でも簡単にはお目にかかれない。王国の平和と繁栄への強烈な願いが、このような経典を生み出したと思われる。

金の経典」を拝観、撮影した。この経典はチベット語訳の『八千頌般若経』で、噂に違わぬ豪華本であった。特に最初の一枚は、縦三〇センチ、横一メートルほどの木枠に銀の板が三枚はめ込まれている。真ん中の横に長い銀板には「インドの言葉で」という文字が金で象眼され、その周囲に十八体の仏菩薩と蓮弁が打ち出されている。左右の銀板には釈迦牟尼仏と般若母が表わされている。いずれも熟練した職人の仕事である。金文字の下に刻まれた銘文から、これを制作した者がネワール（カトマンドゥ盆地を根拠とする民族）の「ルパテザ（ルーパテージャス）父子等」であることが知られる。彼らは、その昔、カトマンドゥ盆地からムスタン王国に招かれた職人の親子であろう。

ゴルチェンがムスタンで「黄金のカンギュル」を建立させたという伝承については、第二章で一度触れた。この『八千頌般若経』をその中の一冊と考える者もいる。真偽のほどは分からない。ただ確かなことは、この「黄金の経典」が、ムスタン王国のかつての豊かさを物語る、チベットの経典としては世にも稀な逸品だということである。

その晩、私たちは王宮の晩餐に招待された。謁見室とは別の間に通され、食事はバイキング方式である。主なメニューは、モモ（チベット餃子）、ライス、山羊の肉、ポテト、春雨、青菜の炒め物だった。ロキシー酒を大分いただき、いい気持ちになってキャンプ場に帰った。

究極のエコ・ライフ

翌日、今度は東の谷に向かった。この谷を遡り、途中から西の谷に出て、ローモンタンに戻る、

上流地帯一周である。

キャンプ場を出て、チョロ・ドクポを越え、さらにカン・チュを渡って、九時にネーニュル村に入る。十九軒の集落である。他の村と同様、ここにもショロの大木がある。この木は挿し木ができて、簡単に増やすことができるという。村外れに、溶けるように崩れかけたチョルテン群と小さいメンダンがある。川向こうにはゴンパの廃墟が見える。ゴル派のものらしい。

ネーニュルからニプまでは、五分から十分おきに小さな村が現われる。ナマシュン、ゲセプ、パルツァ、デウ、エチェンプである。ゲセプの対岸にはアルカ村がある。デウの岩山の上にはゾンの跡が見えた。一つひとつの村は小さいが、合わせればかなりの人口であろう。それだけの人間を養える土地だということである。

驚いたことに、エチェンプは半ば穴居の村であった。しばしば触れてきた通り、ムスタンには穴居集落の跡が多い。しかし、生きた穴居集落を見たのは後にも先にもこの時だけである。もっとも、絶壁の途中にあるのと違い、ここの洞窟群は川べりにあるため、出入りは簡単である。いくつかの洞窟の前に石垣が積まれ、日乾し煉瓦で壁が築かれている。側には普通の家屋もある。いかにも穴居を有効利用しているという感じである。穴居にも夏涼しく冬暖かいなどの長所はあろう。どうやら穴居＝原始的、あるいは貧困と早合点はできないようである。

どの村でも川原に人が出て、石を運んだり、土を掘ったりしている。石も土も背負籠に入れて人間が運んでいる。彼らが働く様は、ラサのポタラ宮にある十七世紀の壁画に描かれた労働者たちとあまり変わらない。チベット文明は車輪のない文明である。回転する器具は水車、石臼、ろくろ、

穴居の村エチェンプの一角。ムスタンの洞窟文化については、
穴居の多い西チベットとの関連が考えられてよいだろう。

マニ車くらいのものだ。

広場には日乾し煉瓦が並んでいる。煉瓦は、粘土を型入れして十日間天日に乾せばできあがる。原材料は村の近くに無限にあり、何度でも再利用できて、環境にまったく影響を与えない。究極のエコ商品である。彼らはこれで民家から宮殿まで建ててきた。樹木は貴重な財産として慎重に管理され、挿し木によって増やされている。魔法瓶がどこの家庭にも普及している。近来のヒット商品だ。これであとは水があれば、何とかやってゆける。水こそ村の命である。彼らは水路の管理と修理には余念がない。畑と並んで、馬、ヤク、ゾ、羊、山羊は重要な財産であり、その糞も貴重な燃料だ。

ローモンタンで羊の解体作業を見物したが、あまり切れそうにもない短刀一本でするすると巧みにやっていた。彼らは家畜の体の構造を熟知している。血はほとんど流さない。血も大切な食料なので、丁寧に汲み出される。残酷な感じはまったくない。

このように全ての物がとことん利用されて無駄がない。生活全般がこうであるためか、ローモンタンには、南アジアの都市の裏町のような不潔さはない。乾燥した気候に助けられていることも事実だが、実際ゴミというものをほとんど見ないのである。

彼らが自然を汚さないのは、精霊を敬い畏れる伝統的観念がまだ生きているからでもある。人間は精霊の領分を侵さないように慎ましく暮らさなければならない。その生活はやはり厳しいが、家族が仕事を分担し、隣り近所、親類同士が助け合って暮らしている。年寄りは大切にされ、簡単な手仕事や子守を受け持つ。孫を連れて村のゴンパに詣でたり、時にはマニ講に行って、マニパ（ラ

空地にずらりと並ぶ日乾し煉瓦。どの村でもこうした光景が
見られる。これは欠かすことのできない建築資材である。

はたを織る女。この伝統的なはた織り機はたいていの家にあって、家庭用カーペットなどを織るのに使われている。

馬を連れた男。ムスタンの馬は小型ながら、山坂ばかりの
土地でよく働く。大切な乗り物であり、友だちでもある

携帯用のマニ車を回しながら数珠をつまぐる老人。年老いてからの楽しみは、ゴンパ巡りや時折開かれるマニ講である。

マ・マニ）と呼ばれる半僧半俗の職能者が語る説教や、自分たちの先祖である太古の英雄たちの武勲詩に耳を傾ける。

仏教の説く業と輪廻の世界観が徹底しているから、彼らは罪滅ぼしや善行を常に心がけている。物質的には恵まれないが、閉じた世界の中で、仏教やボン教が人生の意味と目的を教えてくれるから、心は安らかだ。

『死者の書』のお導きによってあの世に旅立つ。パルド（中有）において解脱できなければ――そしてほとんどの者は解脱できないのだが――四十九日後に何者かの母胎に宿り、再びこの世に戻ってきて、また別の生が始まる。

寒さが厳しくなる十、十一月頃から、ムスタンの人々は老人と子供を村に残して出稼ぎのために南へ下りてゆく。そしてある者は茶屋を開き、またある者は香辛料を売り歩く。インドでセーターを仕入れて行商する者もいる。この季節労働は、どこか遠くへ行きたいというヒマラヤの民の本能的な欲求を充たすものでもある。

ニプとガルプ

プ・チュという川を渡ってニプ（「太陽の洞窟」の意）に着いた。断崖に赤いゴンパがへばりつくようにして立っている。その周囲には洞窟があり、洞窟と建物とを組み合わせて、一つのゴンパとしているようだ。

ニプ・ゴンパ。岩壁と一体になったようなこの寺院には、15、16世紀
のムスタンの名僧ローオケンチェンが住んだ。

このゴンパは、タシーグン王の兄弟で、ローオケンチェン（ロー国の大和尚）と呼ばれたソナムフントゥプが住んだ寺である。ローオケンチェンは、中央チベットにも知られたゴル派の名僧で、その造寺活動は、後に見るように下流のバラガオン地方にも及んでいる。

中心となるお堂は、間口六メートル、奥行四・五メートルほどの小さな部屋であった。正面奥の棚に仏像、経典、仏塔が収められている。本尊は釈迦牟尼仏の塑像である。その左右に四臂観音、仏頂尊勝母、釈迦牟尼仏、厨子に入ったパドマサンバヴァ、大黒天などが安置されている。壁画は、左の壁が釈迦牟尼と二大弟子を十六羅漢と懺悔三十五仏が囲んでいる。右の壁には小窓があり、座具の後ろにヘーヴァジラが描かれている。門扉のある壁には、長寿を司る三尊、護法神ペハル、毘沙門天が描かれている。

ニプを出た私たちはタッキャという村を経て、ガルプに到着した。まず村長宅で昼食を取る。ガルプの村長は、ムスタン王の甥（姉の息子）に当たる。

ガルプのゴンパは、ニンマ派に属し、建立されてからまだ六十年にもならないらしい。集会堂は、間口約九メートル、奥行一一メートル。ガラスのはまった仏壇の中央にパドマサンバヴァと二妃の像が祀られている。その左にニンマ派の高僧リンジンツェワンノルブ、ヤブユム形の持金剛仏、右には釈迦牟尼と二大弟子、白ターラー、イェシェーツォギャル、仏塔などが並んでいる。壁画は、左の壁にヤブユム形のクントゥサンポを中心とした寂静《じゃくじょう》・忿怒百尊や千手観音、右の壁に釈迦牟尼や馬頭尊が描かれている。門扉のある壁には黒地に線描された護法尊たちがいる。

ニプ・ゴンパの堂内。棚に仏像、経典、仏塔などが並ぶ。右端の護法尊の
顔が描かれた箱にはトルマという供物が入っている。

上流の村々

ガルプからさらに上流に進み、ニチュンのチェック・ポストの側を通った。チベットのトラックが物資を満載してやってくるというのはこの場所である。去年の末、ムスタンを通ってインドに亡命したカルマパ十七世の一行が、日本製の四輪駆動車を乗り捨てたのも、ここだという。この自動車道路がローモンタンまで延びるのも時間の問題と思われる。

チュンジュン・ドクポを渡る。チュンジュンとは「河源」という意味である。これがカリ・ガンダキの源流ということになるのだろうか。ニャムドクの村に入る。家の数は三十七軒。丘の中腹にゴンパの跡、チョルテン、マニ堂があり、麓にも大きなチョルテンが立っている。

パルマ・ドクポという川を渡り、低い峠を越えると西の谷である。最初の村キマリンではちょうど祭礼があり、集会所の前に人が集まっていた。子供たちが私たちを見て、しきりに「ハロー、ペン」と呼びかけてくる。最初は何の事か分からなかったが、要するにペンをくれということらしい。欧米人のトレッカーがくるようになってからついた癖であろう。子供たちの何人かは、「ハロー、ペン」を連呼しながら、村外れまで追いかけてきた。

キマリン付近から下流の扇状地は広々とした耕地である。石と日乾し煉瓦を、それこそ数限りなく投入して上流から長い水路を引き、石垣を巡らせて、四〇〇〇メートルの高地に広大な畑を出現させた。その技術水準は決して低いものではないだろう。この人間の勝利を奇跡物語として語った

ニチュンに中国のチベット自治区から物資を満載してトラックが着いた。
云統的ヒマラヤ交易がこういう形で蘇っている。

のが、先に紹介したモンタンの名の由来なのである。一枚一枚の畑の真ん中には白い石、赤い石が置かれている。水を司る神ルモ（龍女）の祠である。

四時過ぎ、プワ（チベット語名プカ）に到着。五十八軒のかなり大きな集落である。お茶を飲ませてもらいに上がったボテ・グルンの家の主人が脇腹に怪我をしている。作業中に木から落ちたのだという。彼の妻が私たちに、何とかならないものか、としきりに訴える。本人は顔をしかめながらも歩けるので、傷は大したことはなさそうである。

ムスタンを旅行すると、しばしば薬はないかと聞かれる。時には傷口さえ見せられる。とても対応しきれるものではない。しかしこの時ばかりは、奥さんのあまりの心配顔に皆ほだされて、担架に乗ってゲミの病院に行く費用を出してやることにした。取材で別行動の片岡さんを除いて、日本人は四人。一人三百ルピーの負担である。「大金」を手にして彼らの気が変わらないように、われわれは帰りにゲミに立ち寄るから、もし病院に行っていなかったらお金は返してもらう、と念を押す。プワにはニュンニェー・ラカンという小さなお堂があった。中には『ブム』とパドマサンバヴァ像を納めるという厨子があったが、鍵は開かなかった。

ローモンタンの城壁に近いチョロ・ドクポの谷の中には「低カースト」の村がある。彼らは鍛冶屋で鉄製品を作っている。家の中には水車があり、石臼でツァンパを挽く。楽師として演奏もするという。元来チベット社会にはカースト制度はない。ネパールの低地から低位カーストの観念が入ったものだろうか。

モンという低カーストに属する男。笛や太鼓の演奏で時には
王をも慰める。チョロ・ドクポの谷の中に住んでいる。

トゥプチェン・ラカン

その日の夕方、私は一人でトゥプチェン・ラカンに行ってみた。

トゥプチェン・ラカンはチャムパ・ラカンと並ぶムスタン随一の殿堂である。二年前に私はこのお堂を訪れ、壁画のレベルの高さと大きさに圧倒されると同時に、その荒れようにショックを受けた。柱は曲り、梁は歪み、壁は波打ち、建物全体が今にも倒壊するのではないかと危ぶまれた。もっとも、すでにトゥッチは、このお堂は「崩壊寸前である」と述べている。それから半世紀近く経っていることを考えれば、むしろよく保っていると言うべきであろうか。その後、ネパールのキング・マヘンドラ自然保護基金が、アメリカのNGOなどの資金協力を得て修復事業に乗り出したという話を私は聞いていた。昨日の夕方にも一度きたのだが、鍵が掛かっていて入れなかった。今日は何としても中を見たい。通行人に尋ねて鍵持ちの家を捜し当て、頼み込んで開けてもらった。

堂内には角材でやぐらが組まれていた。柱と梁の歪みを直すためのものらしい。しかし、柱も梁も相変わらず曲ったままである。下手《へた》に力が加われば、壁画が描かれた漆喰壁の崩壊を誘発しかねない。それほどもろくなっているのである。壁画は、ごく一部が試験的に洗浄されて、厚い埃をかぶった壁面のそこだけに明るい色彩が蘇っていた。

後に松井さんがこのプロジェクトの責任者に直接話を聞いたところでは、具体的にどう作業を進めたらよいのか、彼らにも迷いがあるらしい。五百数十年の歳月を経て老朽化した伝統建築と傷み

トゥプチェン・ラカンの入口。このムスタン随一の大堂は傷みが激しく、大規模な修理が必要になっている。

の激しい大壁画。これを同時に救わなければならないのだ。日本の専門家なら、何と言うだろうか。その意見を聞いてみたい、と私は痛切に思う。

さて、トゥプチェンとは「偉大なる牟尼〔聖者〕」、すなわち釈迦牟尼を意味する。このお堂はトゥクチェン・ラカン〔大悲堂〕とも呼ばれ、地元の人々の間でもトゥプチェン、トゥクチェンの両方が用いられている。トゥクチェンは大悲観世音菩薩の略称でもある。ネパール政府からローモンタン入りの許可が下りなかったスネルグローヴは、この名称から、これを観音の寺と誤解した。私がトゥプチェンを取るのは、このお堂がまさに釈迦牟尼を本尊としているからである。『ツァーラン・モッラ』には、これが「偉大なる牟尼勝者《しょうじゃ》〔仏〕の宮殿」という名前で登場する。このお堂は、タシーグン王によって一四七〇年代の初めに建立されたと考えられる。

かつてお堂の南側には厨房などの付属施設があったと言われている。しかし現在そこには、崩れかけた壁と瓦礫の山が残るだけである。入口は東向きで、道路よりも少し低い位置にある。階段を下りて暗い門廊の中に入ると、両側に、不気味な表情を浮かべた四天王の大きな塑像が二体ずつ睨みをきかせている。左側に青い顔の増長天と赤い顔の広目天が、右側には白い顔の持国天と黄色い顔の多聞天《たもん》がいる。本堂の広さは、後で計測したところ、間口二一・一三メートル、奥行二八・一メートルであった。天井までの高さは一〇メートル近いだろう。ムスタン最大の建造物であることは疑いない。すし詰めにすれば、ゆうに二千人は座れる広さである。裏を返せば、かつてはそのくらいの規模の僧団があったということになろう。

この大ホールを支えるのは、縦に七本ずつ五列になった三十五本の柱である。ところが、スネル

ゥブチェン・ラカンの内部。僧侶と一般信者が合同で法会を
営んでいる。一番奥に坐っている人物はタシーテンジン。

トゥプチェン・ラカンの入口を守る四天王。上が増長天、下が
広目天。顔の彩色は生々しいが像そのものは古そうだ。

グローヴの代わりにローモンタンを訪れた相棒のシェルパ、パサン・カムバチェは、七本六列と報告している。一列足りないのである。このマジックは、右（北）の壁を調べれば、種明かしができる。この壁は本来の北壁ではなく、三メートルほど内側に新たに築かれたものである。その中には柱が一列埋め込まれている様子である。おそらくこの工事は、北壁が損傷したために行なわれたのであろう。新しい壁は北東の隅には届いておらず、そこは小部屋のようになっており、元の北壁の一部が残されている。これは、この部分の壁画を救けるための措置と思われる。

天井の一画には四角い明かり取りがあり、二十八体の木彫の獅子がこれを囲んでいる。驚いたことに、この明かり取りには何の覆いもない。まったくの青天井である。雨も雪もそのまま吹き込んでくる。ムスタンの年間降水量は二百ミリにも達しないと思われるが、まとまった雨が降ることもある。壁画が傷むわけである。しかし明かり取り一つでは、採光は十分ではない。そのために、ここが荘厳な壁画に彩られたチベット仏教美術の大殿堂であることに気づくには、しばらく時間がかかるかもしれない。

奥の高い壇の上には大きな仏像が四体並んでいる。中心は本尊である釈迦牟尼仏である。その左に四臂観音、右に文殊とパドマサンバヴァが並んでいる。さらに壇の左隣りにはナムギャル・チョルテン（尊勝塔）が立っている。この壇の前にはもう一列低い壇が置かれており、左から持金剛仏、パドマサンバヴァと二妃、無量寿仏と小さな仏頂尊勝母・白ターラーの三尊、忿怒形の馬頭尊の像が並んでいる。

壁画は天井まで届く大画面である。門扉のある東壁から南北両壁にかけて、門扉の上の釈迦牟尼

トゥプチェン・ラカンの壁画。八大菩薩の中の虚空蔵菩薩と
その脇侍である。その周りを五仏の千仏が埋めている。

トゥプチェン・ラカンに描かれた八大菩薩の中の観音菩薩。
壁の崩壊によって胸から下の部分が無惨にも失われている。

トゥプチェン・ラカンの南壁に並ぶ7体の如来像の一つ。蓮華座は描き直し。壁の上部が薄黒いのは汚れのためである

トゥプチェン・ラカンに描かれた地蔵菩薩の脇侍の一つ。
その左には大日如来以下の五仏が縦一列に並んでいる。

トゥプチェン・ラカンのナムギャル・チョルテン。覆鉢には仏頂尊勝母、
台座には八吉祥などの図案が描かれている。

仏を間に挟んで、脇侍を従えた八大菩薩（普賢・金剛手・除蓋障《じょがいしょう》・文殊・虚空蔵・地蔵・観音・弥勒）が並んでいる。そしてその間を小さな仏たちが隙間なく埋めている。

南壁には、さらに七体の如来が描かれている。この壁面は下部が大幅に失われた上、後世の補筆が加えられているために、同定が難しいが、七仏薬師（薬師如来と善名称吉祥王如来等の六仏）、あるいは過去七仏（釈迦牟尼とそれ以前に出現したと信じられている六仏）と思われる。ナムギャル・チョルテンの背後の西壁には、釈迦牟尼と二大弟子が描かれている。北側の新しい壁は、一部にパドマサンバヴァの八変化などの壁画と銘文があるものの、大部分が空白になっている。本来の北壁に何が描かれていたかは想像するしかない。

だがそれにしても、中世チベット仏教の絵画の優品がこれほど大量に見られる場所は、チベット本土でも稀であろう。ところがこの貴重資料が大きなダメージを受けており、破壊は日々進行しているのである。

塩の谷

ローモンタンの東、中国国境も間近な谷の奥深くにチュゾンというゴンパがある。このゴンパには他ではちょっと見られない怪奇な仏像群が祀られている。そのことを私は松井さんから何度も聞かされ、写真も見せられた。これは一度行って、是非この目で確かめなければならない。

問題は、果たして一日でチュゾンを往復できるか、ということである。前回松井さんはチュゾン

でテント泊している。ところが情報を集めてみると、今の季節はまだ川床を通ることができるので、案外短時間で往復できる見通しがついた。

五月十一日の早朝、私たちはチュゾンに向けて出発した。王族の青年トメーとジャムヤンという老農夫が道案内に立つ。ローモンタンからチョロ・ドクポを下り、本流の深い谷の中に入る。ドランという村の横を通ってしばらく行くと、対岸の岩山に点々と穴が開いている。ここも穴居集落跡、そして一部は洞窟寺院跡であろう。さらにしばらく下り、二つ目の谷を左に入って、流れを遡ってゆく。途中、谷のひどく狭まったところに大岩が落下して行く手を塞いでいる場所にさしかかった。水は岩の下のトンネルを通って流れてくる。馬はそこを通れるが、人が乗ったままでは無理である。馬だけ先にやり、崖を登って迂回する。シェルパが本当に頼りになるのはこういう時である。文字通り手取り足取りで、岩場を渡らせてくれる。ヒマラヤにも登る彼らにとって、この程度の仕事は朝飯前のことであろう。

その岩を越えたところに、大きな滝が凍りついたようなものがあった。カルシウム分を多量に含んだ湧き水が長年に亘って流れた跡に違いない。岩塩の結晶が小さな氷柱のようになって無数に垂れ下がっている。その氷柱の先を折り取って口に含んでみた。塩っぱいというよりは、かすかに苦いような妙な味がする。松井さんは、こういうカルシウム分の多い塩を食べつけると甲状腺腫になるとシェルパたちに教えている。その点、ネパール語でボテ・ヌンと呼ばれるチベット産の塩は安全だと。

さらに進むと、今度は地中から押し出したどろどろのマグマが冷えたような、大きな塊がある。

サオ・ドクポへと続く谷の中には、カルシウムを多量に含む湧水が作った「凍れる滝」があちらこちらに見られる。

それは私に出羽三山（山形県）の湯殿山の御神体を連想させた。なめらかな青黒い表面に白、赤、黄色の筋が縦に走っている。おそらくは湧水の中に含まれる鉄やマグネシウムが酸化したものだろう。それがチョルテンやゴンパの壁のデザインに似ているのがおもしろい。この谷全体が、まるでランチュン（自然生）の聖域である。

この辺りまでは川床の道が使えたので比較的楽に進めた。しかし最後はやはり厳しい登りが待っていた。やがて目の前に、何とも形容しがたいほど荒涼とした谷間が現われた。それがサオ・ドクポ（塩の谷）であった。

チュゾン・ゴンパ

目を凝らすと、サオ・ドクポの右岸のささくれだった崖の上に一点、人工の赤が見えている。一度川床まで下りてから、そこを目指して再び登りにかかる。辺りには点々と洞窟があり、風化の進んだ壁画も見られる。

チュゾン・ゴンパは、洞窟寺院の前に建物を付属させた小さなお堂であった。この寺はドゥク派に属している。ドゥク派は、チベット仏教の四大宗派の一つであるカギュ派の支派で、ブータンでは国教であり、インド領のラダックやダージリンでも勢力を保っている。

カルマドルジェという有髪の男が堂守をしていた。彼は、昨日、近くを通ったアルカの出身者で、このゴンパを開いたキュンポ・ゲロンの生まれ変わりと名乗った。つまりこの人物も高僧が転生し

サオ・ドクポを望む。中国国境に近い荒涼とした谷の奥、向かって左の
河岸段丘の上に小さくチュゾン・ゴンパが見える。

チュゾン・ゴンパ。かつてここには大僧院があったと言い伝えられている。
しかし今はこのお堂が残るだけである。

た活仏ということになる。彼の話によると、かつてここにはカギュ派の大きなゴンパがあったが、壊れてしまった。そこに東チベットからキュンポがやってきて、今のお堂を建立した。昔はこの下の川岸に村があり、尼寺もあったが、すべて鉄砲水で流されてしまったという。確かに、川岸には建物の跡らしいものがあちらこちらに見えている。

ゴンパは門廊と本堂とゴンカン（護法堂）からなっている。本堂には燃灯仏、釈迦牟尼仏、弥勒仏の金銅仏や、由緒のありそうな錫杖、鉄鉢などが雑然と置かれ、その側には経典が山積みにされている。灯明が供えられた粗末な木箱には、パドマパーニ（蓮華手）とターラーの形のよい小金銅仏が安置されている。この堂全体がいかにも仮の避難所といった印象である。壁画は、カギュ派の歴代のラマたち、釈迦牟尼と二大弟子、金剛界五仏、パドマサンバヴァにペマダクポとセンドンマの三尊、寂静忿怒百尊、そして各種の護法尊たちである。

本堂の左奥の狭い通路を入ると、そこがゴンカン、怪奇な護法尊たちの館であった。この岩を刳りぬいて作った小部屋には明かり取りがない。ライトを点けなければ真っ暗闇である。その中に、物凄い形相をした護法尊たちをかたどった大型の塑像がひしめいている。懐中電灯の明かりにてらてらと光るその姿は、息遣いが聞こえてきそうなほど生々しい。まず奥に座る一番大きな像は四臂大黒天。その周りを固めるのは、赤い獅子面のセンドンマと鎧武者の姿をしたゴンポ・チャメーが各一体、烏の顔を持つチャロドンチェンが三体である。こうした護法尊が、このような大型の塑像セットとして造立された例を、私は他に知らない。

壁画もおもしろい。描かれているのは、グヒヤサマージャ、ヤマーンタカ、ヘーヴァジラ、サン

チュゾン・ゴンパのゴンカンには奇怪な護法尊たちの塑像が
祀られている。いずれも今にも動きだしそうな迫力がある

その中の一つゴンポ・チャメー。武人の姿をした護法尊である。
甲冑を身につけ、胸の前に丸い盾を構えている。

コンカンの壁に描かれた守護尊クリシュナヤマーリ。3面6臂で明妃を抱擁し、象の生皮を羽織り、水牛に乗っている

ゴンカンの壁に描かれた金剛薩埵の一形態。3面6臂で自分に似た明妃を抱擁している。金剛薩埵は密教の代表的菩薩。

ヴァラなどの守護尊とその眷属、高僧たちである。天井にも絵がある。剝落が著しく、確認できない部分が多いが、チベットの高僧たちの肖像画が残っている。

帰途、岩のトンネルでは、ジャムヤン老が私たちを背負って水の流れるトンネルを潜り、河原まで運んでくれた。農作業や山仕事で鍛えられているのだろう。彼は大変な強力《ごうりき》で、しかも歩く速度が馬よりも速かった。この日チュゾン往復に要した時間は、行きが五時間、帰りが四時間であった。

活仏のビデオ

その晩、城内に行ってみると、雑貨屋の前の暗がりに何百人もの人々がぎっしりと座り、臨時に置かれたテレビの画面を食い入るように見つめている。それはカルマパ十七世関連のビデオの上映会だった。インド各地のチベット寺院で行なわれている儀式の模様や活仏たちへのインタビューが次々に映し出されている。

カギュ派系カルマ派の法主カルマパ十七世が、突然インドに現われて世界的ニュースになったのは、今年の一月のことであった。弱冠一四歳の彼は、ダライ・ラマ、パンチェン・ラマに次ぐチベット仏教第三の活仏とされ、中国政府とダライ・ラマ側の双方によって公認された存在だった。

カルマパがムスタンを経由して中国から脱出したということは、『ニューズ・ウイーク』三月六日号に報じられた通りである。ジョムソンからカグベニに着いたその日から、私たちはカルマパの逃避行に関する生々しい情報を耳にした。なかには馬五十騎で通ったなど、ありそうもない噂もあ

り、すでに伝説化が始まっているという印象を受けた。

私がおもしろかったのは、ビデオの内容ではなく、観衆の反応である。拍手喝采をするわけではない。画面が変わって、別の活仏が登場するたびに、声にならないため息のようなものが洩れる。むしろその静けさに私は少したじろいだ。

活仏をスター、一般信者をファンにたとえるのは卑近すぎるかもしれない。しかし私がこの時感じたものは、これに近い雰囲気である。ただしスターと言っても、それは親しみやすさが売り物のアイドルではない。往年の大スターといった風情である。

大活仏ともなると、一般人とはかけ離れた生活（贅沢な、という意味ではない）をしている。彼には多くの信者（ファンと言ってもよい。ファンでも熱狂的になれば「信者」と呼ばれる）が付いている。信者は自分が活仏になれるとは思ってない。活仏は生まれながらのもので、途中で活仏になるということは原理的にありえない。信者はひたすら活仏に憧れ、彼の法話を聞き、その前に額ずいて祝福を受けるだけで満足する。彼らは活仏たちの動向には詳しい。いわば活仏通である。コンサート情報ならぬ法要情報には敏感だ。

活仏制はチベットが生み出した独特の社会制度である。この制度では、転生活仏と呼ばれる高僧が没すると、その生まれ変わりを幼児のうちに捜し出して、これに故人の権利や財産のすべてを相続させる。これがムスタンにも定着していることは、チョプギェーティチェン・リンポチェやタルツェ・リンポチェのような大活仏、昼間チュゾンで会ったカルマドルジェのような小活仏が、次々に生まれていることからも容易に推察できる。

活仏のビデオが終わり、インド製のアクション映画が始まったところで、私はそこを切り上げ、近くのバーに寄って「拉薩《ラサ》啤酒《ビール》」を一本飲んだ。この店には中国産のブランデーとワインも置いてある。外で金を払って酒を飲むのは、ローモンタンでは、中国との交易で一儲けした金持ちが身につけた新しい習慣らしい。

待つのも仕事

翌五月十二日は、ローモンタンで過ごす最後の日であった。私たちにはチャムパ・ラカンの調査という大切な仕事が残っていた。もっとも、松井さんは過去の撮影で、チャムパ・ラカンのすべての壁画マンダラを撮りおえており、私も前回の調査でこのお堂の概要を把握していたので、気は楽だった。

まず王宮に行って、ムスタン王に早めの別れの挨拶をした。その後、王宮の仏間と書庫を見せてもらう。仏間ギャルデ・ラカンの仏壇には、パドマサンバヴァと二妃、緑ターラー、白ターラー、クルギゴンポなどの金銅仏が安置してある。仏壇の隣りの宝座はチョプギェーティチェン・リンポチェのものであった。書庫カンギュル・ラカンは、部屋の左右の棚にカンギュルとテンギュルが保管され、正面には弥勒、持金剛、金剛薩埵の金銅像が祀られていた。その前にもたくさんの小金銅仏が並んでいた。

次にいよいよチャムパ・ラカンに向かう。このお堂は王宮のすぐ裏手にある。しかし私たちは、

ここで扉の鍵が開くまで長時間待たされた。待つのも仕事の内である。番小屋に入って腰を下ろすと、例によってバター茶が出てきた。お茶は、客が「もう結構です」と丁重に断らない限り、どんどん勧めて、飲んだはしから注ぎたしてゆくのが礼儀である。バター茶の味と匂いには癖があるが、私は結構これが好きである。

昼になると、チョエデ・ゴンパから坊さんたちがやってきて、お堂のテラスの上でトゥンチェンとギャリンを吹いた。トゥンチェンはアルペンホルンのような長ラッパ、ギャリンはチャルメラに似た楽器である。これに太鼓とシルニェン（鐃鈸《にょうばち》）が加われば、チベット僧院の楽隊ができあがる。演奏が終わった。行動開始である。

チャムパ・ラカン

チャムパ・ラカンの本殿は三階建てで、王宮やトゥプチェン・ラカンと同じく東を正面としている。一階には内陣を囲んで回廊があり、二階の周囲は一階の平屋根を歩いて回ることができる。三階の三メートルほど下にも、今は半分以上崩れてなくなってはいるが、回廊状のテラスが巡らされていた。つまりこの建物は、右遶を繰り返しながら、下から上へと昇れる構造を持っているのである。

本殿の前には回廊に囲まれた小さな内庭がある。回廊の屋根は十八本の柱によって支えられている。その柱の頭には蓮弁、梁材にはランチャ文字と唐草風の文様が刻まれている。また屋根の梁の

チャムパ・ラカン。タルシンの立つ内庭の背後に3階建ての
本殿がそびえている。左上に開いているのは3階の入口。

チャムパ・ラカン本殿のテラスの上でチョエデ・ゴンパの僧侶たちがギャリンを吹いている。仏たちへの音の供物だ。

先端には、小さな獅子の彫像が取り付けられている。これらは摩滅が進んではいるが、十五世紀にこの建物を建てた職人たちのすぐれた造形感覚を示している。

チャムパ・ラカンとは「弥勒堂」を意味する。この名の通り、本尊は一、二階吹き抜けの堂内に安置された弥勒の坐像（塑像）である。それは、高い台座を含めると、およそ一五メートルもある巨像である。

このお堂は、一四四八年にアングンサンポ王によって建立されたと考えられている。当時三度目のムスタン滞在中だったゴルチェンが、これを指導したことは間違いない。壁画を制作したのはチベットとネワールの絵師たちである。おそらくは絵師だけでなく、ネワールの大工や木工職人、金細工師なども建設に携わったものと思われる。ヒマラヤ仏教の至宝とも言うべきこの建造物は、ムスタン王の後援とチベットの高僧の指導とチベット・ネワールの職人の力量によって誕生したと言うことができる。

私たちはまず一階に入った。一階は弥勒の大仏の台座がある内陣とそれを囲む回廊からなっている。内陣の壁は、今は一色に塗られていて絵はない。問題は回廊である。前回、私は二、三階のマンダラを調べた後にここにきた。しかし回廊は暗く、高い壁は厚い埃をかぶっている。手持ちのライトでは光量が足らず、壁画をはっきりと見ることができなかった。今回はもっと強力なライトを用意してある。

回廊の中は暗い上に、がらくたが放置されていて足元が危うい。慎重に進みながら、壁の上部を丹念に照射してゆくと、雨漏りの痕が無数に走る壁面に大きな仏の輪郭が浮かび上がってきた。そ

こを目掛けて松井さんがシャッターを切る。この繰り返しによって、薬師如来をはじめとする十九の大きな仏と、その間を埋める金剛界五仏の千仏の壁画を確認することができた。しかし壁は相当に傷んでおり、壁画全体の半分以上はすでに失われたと見られる。

二階の部屋に入ると、まず金色の弥勒の巨像が圧倒的に迫ってくる。その前には大小の仏像や仏塔が安置されている。成就者（超自然の力や悟りを得た密教行者）のものとされる塑像もあり、柱には仏頂尊勝母の古いタンカが掛けられている。部屋の広さは、間口一三メートル、奥行一〇メートルほどで、壁は高い。その壁を覆い尽くすように、極彩色のマンダラが見事な筆致で描かれている。マンダラの大きさは、大きいものが直径約一五〇センチ、小さいものが約六〇センチ。その総数は五十四個である。マンダラとマンダラの隙間は、各種の尊像や文様で埋められている。インド・ネワール様式と呼ばれるこの密度の濃い絵画を手懸けたのは、堂内の壁に書かれた銘文から、ネワールの絵師であることが分かる。

これらのマンダラは、損傷の激しい北壁の九個を除いて、すべて瑜伽《ゆが》タントラに説かれるマンダラであることが確認されている。

チベット密教では、インド密教の伝統を受け継いで、タントラ（密教経典）を所作、行、瑜伽、無上瑜伽の四種に分類するのが一般的である。瑜伽タントラはその第三のグループである。日本密教は、このような分類法は取らないが、所作、行、瑜伽の代表的な経典は受け継いでいる。特に行タントラに当たる『大日経』と瑜伽タントラの主要経典である『金剛頂経』は重視している。これに対して、チベット密教は、無上瑜伽タントラを最も尊ぶ。このような持ち味の違いはあるものの、

チャムパ・ラカン1階回廊の薬師如来の壁画。その下には説話図が並んでいる。雨漏りの痕や亀裂が痛々しい。

チャムパ・ラカン2階の吹き抜けに弥勒の巨像が鎮座している。
その前には大小の仏像や灯明、仏塔などが置かれている。

チャムパ・ラカン2階の壁画。中央は『悪趣清浄タントラ』所説の八曜星マンダラ。右上は金剛界不空成就四印マンダラ、左上はジターリ流無量寿九尊マンダラである。マンダラとマンダラの間は五仏などの尊像や蓮華文様によって埋められ、壁面の下部は金剛杵の列によって仕切られている。インド・ネワール様式のすばらしい作品群。

チャムパ・ラカン2階に描かれた『真実摂経』遍調伏品の大マンダラ。金剛界系のマンダラの一つである。

チャムパ・ラカン2階の『理趣広経』「般若分」の摂部マンダラ。いくつものマンダラが統合されている。

チャムパ・ラカン3階。風雨と直射日光のため壁画の損傷が激しく、
マンダラが消滅しかけている。

3階のヴァジラバイラヴァ・マンダラ。壁画には亀裂が走り、その上
部は変色してまるでネガのようだ。

日本密教とチベット密教が、同じインド密教を受け継ぎ、多くの伝統を共有していることは事実である。この二つの密教はルーツを同じくする親戚同士なのだ。

三階は一、二階よりも新しく、十五世紀の末に作られたと考えられている。その入口は回廊状のテラスのさらに上にあり、以前はあったと思われる階段はなくなっている。そのためこのフロアーに入るには、梯子を二回架けて、よじのぼらなければならない。

部屋の広さは二階とほぼ同じである。西壁の中央に持金剛仏の壁画があり、その前に小さな台があり、タルチョが飾られている。ここがこの部屋の中心である。これを囲んで四方の壁に、確認できるだけで四十二個のマンダラが描かれている。その大きさは直径一六五センチから直径五〇センチに満たないものまで様々である。これらはいずれも前述の無上瑜伽タントラに説かれるマンダラである。マンダラとマンダラの間のスペースは様々な尊像によって埋められている。その中にはインド密教の著名な八十四人の成就者も含まれている。

二階と同様、この部屋も北壁の損傷が激しく、壁画が完全に消えてしまった部分がある。大小のマンダラが六個ほど入るスペースである。しかし傷んでいるのは北壁だけではない。この階全体が雨漏りや日光の直射で徹底的に痛めつけられている。壁画は変色、褪色し、剝落し、雨漏りに汚され、亀裂に引き裂かれている。壁の漆喰はもろくなって、いつ大崩落しても不思議ではない。状態は、二年前にきた時よりも確実に悪化している。

それというのも、平屋根の一部が、どういうわけか大きく吹き抜けになっており、一つある窓と出入口には戸がない。五百年前の壁画が野ざらしに近い状態なのだ。ここの修復は、もはや一刻の

猶予も許されないというところまできている。幸いトゥプチェン・ラカンと違って、この建物は全体にしっかりしており、一、二階は気密性も高い。工事は比較的容易であろう。三階を今の悲惨な状態から救い出し、雨漏りを止め、壁画の崩落を押さえることができれば……。

一通り調査が終わった後、屋根の吹き抜け部に架けられた梯子段を上って、屋上に出てみた。ローモンタンの町がよく見渡せる。空はあくまでも青い。ふと空漠とした思いに捕われる。これまで見てきた多くのチョルテンと同様、マンダラもいずれは分解して自然に還ってゆく。それを押し止めることなど実は誰にもできはしないのではないかと。だが少なくとも、たまたまこういう状況を知った人間がどうするかは、本人の決断にゆだねられている。手をこまねいてマンダラが滅び去るのを傍観するか、何か行動を起こすかである。

護摩の火

チャムパ・ラカンを出た私たちは、次にトゥプチェン・ラカンを訪れた。前述のように、堂内には修復のためのやぐらが組まれ、角材の柱が林立している。とても撮影どころではない。だが幸いここの壁画も、以前に松井さんが完璧にカメラに収めている。私たちはお堂の大きさを測ったり、仏像の写真を撮ったりした。

最後に訪ねたのは、ゴル派の僧院チョエデ・ゴンパである。ゴンパの見学もさることながら、第一の目的は、タシーテンジン師を表敬訪問することであった。師はチョエデ・ゴンパの僧院長であ

トゥプチェン・ラカンでの法会を終えたタシーテンジン師の周りに人々
が集まっている。チャクワンの祝福を受けるためだ。

り、今のムスタンで最も尊敬を集める高僧である。ローモンタンまできて、師に挨拶しないでは帰れない。

師は境内の隅にある僧坊におられた。カターをやり取りする挨拶を終わり、ムスタンの文化財の保存・修復に協力したいという希望を述べると、師は大いに喜んだ様子で、ムスタン王国の歴史について話をしてくれた。

二年前に私は、タシーテンジン師が護摩を焚くところを見学させてもらったことがある。チベット仏教の護摩は、日本の寺院で修される護摩と同じく、古代インドのホーマ（護摩は「ホーマ」の音を写したもの）の儀式に起源を持っている。この儀式が密教の教えとともにインドからアジア各地に広まり、日本、チベット、ネパールなどに残った。言うなれば、日本の密教寺院とチベットのゴンパには、同じ火が燃えているのである。

護摩の基本は、炉の火に供物を投じて、諸仏に願い事の成就を祈ることである。願い事の性質に応じて、護摩は、息災《そくさい》（罪を滅し災いを除く）、増益《そうやく》（富貴、繁栄、福徳を増進する）、敬愛《けいあい》（相手を支配する）、調伏《じょうぶく》（怨敵、悪人・鬼神などを降す）の四種に大別される。この点は、日本もチベットも同じである。

ただ日本の密教寺院の護摩炉が堂内の壇に作りつけになっているのに対して、チベット仏教では、護摩を行なうごとに、屋外の土壇の上に色粉で炉を画き、そこに牛糞などの燃料を盛り上げて火を焚く。

タシーテンジン師がその時に修したのは息災護摩であった。息災護摩の炉は円い。その円を画く

のに、師は紐の一方の端を壇の中心に強く押しつけ、もう一方の端を引っ張りながらぐるりと回した。私はその「雑な」やり方にちょっと驚いた。場所は僧坊の中庭で、隣りは牛の囲いである。風が吹き、埃と色粉が宙に舞う。その中で修される護摩は野性味たっぷりで、荒削りな呪力をまざまざと感じさせた。この点、日本密教の儀式は、洗練されてはいるが、その分いささかマイルドになりすぎているかもしれない。日本密教がチベット密教に学ぶべき点はかなりありそうである。

チョエデ・ゴンパ

タシーテンジン師のもとを辞した私たちは、チョエデ・ゴンパの境内を見て回った。チョエデ・ゴンパは、正式名称をグンガチャンチュプリン・チョエデ（アビラティ〈東方浄土〉菩提洲寺）と言う。また再興されたものであることから、新ゴンパとも呼ばれる。

この寺は、一七一〇年、時のムスタン王ツェワンプンツォックギェンノルブによって開かれた。創設当初の寺名はダッカルテクチェン・リン（白岩大乗寺）と言ったようである。後に地震で大きな被害を受けたため、他の僧院に同居したが、そこで今度は火災にあい、寺宝のほとんどを失ってしまった。これが今の場所に再興されたのは、一八二二年、ジャムパルダンドゥル王とその妃らによってである。ここが本来の四角い城郭に後で付け加えられた区域であることは明らかであろう。

伽藍の中心はツクラカン（仏殿）である。その前庭には杜松の御神木が生えている。ツクラカンは十六本の柱があるホールで、奥の仏壇に大小の金銅仏と仏塔が多数安置されている。中心となる

一人の僧侶がチョエデ・ゴンパの集会堂の屋上でトゥンチェ
を吹いている。腹の底に響く低音が風に乗って伝わ

チョエデ・ゴンパの少年僧。成績は優秀だ。だが僧侶が社会の
知的エリートだった時代がムスタンに戻ってくるだろうか。

ティジ祭の折、少年僧たちが王宮の屋上に上った。彼らの
シルエットの向こうに連なる山々はチベットまで続いている

仔山羊を抱いた少女。民族衣装のチュバで正装してティジ祭に
やってきた。簡単な家畜の世話は子供たちの役割である。

ティジ祭のために着飾った少女。首にカウと呼ばれるお守りの厨子を掛けている。彼女の母親は王宮で下働きをしている。

持金剛仏、三世仏、ターラーは特に見事な作品である。

ツクラカンの隣りに、それと同じくらいの大きさの集会堂がある。その前庭は大工の仕事場に使われている。堂内にはサキャ派の祖師像とサキャ・リンポチェの写真を飾る以外にほとんど何もない。背後の壁には仏をプリントした幕が下ろされている。見所はむしろ手前の壁に掛けられたさまざまな仮面であろう。これらは僧侶たちがチャムを上演する時にかぶるものである。

境内の一画には学校があり、少年僧たちが、仏教の他に英語やネパール語を学んでいる。現在の生徒数は三十八人。二年前には三十二人と聞いたから、わずかながら増えたことになる。なおこの寺には、一つの大きなチョルテンを囲んで建てられたお堂もあると報告されているが、私たちは拝観できなかった。

夕方、私は一人でアムチ・テンジンの医院を訪ね、近くにできたばかりの医学校の中を見せてもらった。その後、城内にある八大霊塔などの仏塔を回り、ローモンタンでの調査を終えた。

翌朝九時、私たちはキャンプ場を引き払い、ローモンタンを後にした。出発前、キャンプ場の前に子供たちが集まってきた。近くではお婆さんが一人、パンデン（虹色の前掛け）に家畜の糞を拾い集めている。乾いた糞はよい燃料になる。

伝統的な生活は、これからも続いてゆくだろう。それでも変化の波は、中世的なたたずまいのこの小さな城町を確実に洗いはじめている。この子たちが大きくなる頃には、「祈願の平原」の生活も大きく変わっているに違いない。

第四章　カリ・ガンダキ河畔に還る

聖地と巡礼

私たちは南西に進み、往路とは違う西の山道に入った。峠をいくつか越えて三時間ほど行くと、谷間の荒野の中にそこだけ樹木のあるオアシスのような場所が見えてきた。そこがローゲカル（より正確にはローオゲカル、「ロー国の白善」の意）のゴンパであった。

境内にはオーストリアからきた男女のトレッカー・グループが休んでいた。彼らはゴンパにはあまり関心がないらしく、見学もそこそこに、両手に持ったステッキを山スキーでもするように交互に動かしながら去っていった。

ローゲカルはニンマ派に属し、カル・ゴンパとも呼ばれる。ここは八世紀にパドマサンバヴァやボーディサットヴァが訪れたとされる聖蹟である。ムスタン王の委託でここを管理している僧侶は、このゴンパは千二百六十年前に開かれたと説明する。現在の伽藍はさほど古いものではない。しかし、ここが独特の雰囲気の場所であることは確かである。以前この地を訪れたサキャ派の管長サキ

ローゲカル・ゴンパ。パドマサンバヴァが経典を埋蔵した場所として知られる。ムスタンで最も古い仏教聖地の一つ。

ャ・リンポチェは、強い霊感に打たれ、何日もここに留まって瞑想に耽ったと伝えられている。石段に腰を下ろして扉の鍵が開くのを待っていると、境内の林の中で郭公が鳴きはじめた。郭公はボン教の聖鳥である。

チベット語で聖地をネーと言う。ネーとは場所の意であるが、特に聖地を意味する場合には、ゴンパなど仏像・経典・仏塔がある場所を指す。ネーを巡ることがネーコル、すなわち巡礼である。巡礼者のお目当ては、縁起譚・奇跡物語に彩られた仏像・経典・仏塔・仏具などの霊験あらたかな「依り処」である。これらは、罪を滅し福徳を積むことを願う民衆に篤く信仰されてきた。チベット仏教徒がスケールの大きな巡礼をすることはよく知られている。巡礼は苦行ではない。彼らにとって、それは人生最大の「娯楽」であり、諸国巡りの物見遊山の要素もたっぷりと含まれている。

ここローゲカルが偉大なネーであるのは、パドマサンバヴァがテルマを埋蔵した場所だからである。パドマサンバヴァは、未来においてチベットの仏教が弾圧されることを見通して、各地に経典を埋蔵した。これをテルマ（埋蔵経典）と言う。そのうちの一つが、近年わが国でも知られるようになった『チベット死者の書』である。テルマは、時期がくるまでは隠れている。しかしひとたび機が熟すると、テルトゥン（埋蔵経典発掘者）と呼ばれる神秘家たちを通じて、この世に再び出現する。十世紀から十一世紀にかけて活動したニンマ派のサンギェ・ラマは、最初のテルトゥンとされる人物である。彼はローゲカルにやってきて、仏殿の柱の頭や馬頭尊の石像の首からテルマを「発掘」したと伝えられている。

学問的に見れば、テルマとそれにまつわる伝承を百パーセント信用することはできない。だがそ

れにしても、「埋蔵」とは何と興味深い教理の保存・伝達システムではないか。

ローゲカル・ゴンパ

ローゲカルのゴンパは、二階建てのあまり大きくない本堂と、これに付属するわずかばかりの施設（高僧用の二階建ての宿舎、管理人の詰め所、僧坊）からなっている。

本堂の一階は前後二つの部屋に分かれている。堂内は暗い。前室に入ってまず驚くのは、壁をおおう多数の石板である。石板は彫刻され、彩色され、多い場合で六段の木枠にはめこまれている。彫刻の主題はターラー菩薩、薬師如来、懺悔三十五仏、八十四成就者（超自然の力や悟りを得た密教行者）、パドマサンバヴァと二妃、金剛薩埵、持金剛などである。門扉のある壁には馬頭尊、各種の大黒天、女尊エーカジャティー、財宝神のジャムバラとヴァスダーラーなどが描かれている。

またこの部屋の右の壁には、真暗な小部屋が口を開けている。懐中電灯を向けると、光の輪の中に、動物にまたがる二つの女神像が浮かび上がった。鍵持ちの僧侶は、左の馬に乗った白い穏やかな女尊をレクデンマ、右の牡牛に乗った青い忿怒形《ふんぬぎょう》の女尊をレクダクモと呼んだ。

奥の部屋に進む。本尊は二人の妃を従えたパドマサンバヴァの金銅像である。その左右から両側の壁の間の龕《がん》にかけて、十数体の塑像が安置してある。特に目を引くのは、パドマサンバヴァが生涯に現わした八つの変化身のセットである。また千年前にここでテルマを発掘したテルトゥン、サンギェ・ラマの像もある。

壁は煤で真黒になっていて、何が描いてあるかまったく分からない。ただ汚れがきれいに拭き取られている部分が二ヵ所だけあり、小窓から光が射し込むように、鮮やかな色彩で描かれた絵の一部が顕れていた。これもローモンタンのトゥプチェン・ラカン同様、キング・マヘンドラ自然保護基金による試験的な作業らしい。

もう一つ、鍵持ちが指差す方向を見ると、真黒な壁に小さな仏像のようなものが浮かんでいる。それを彼は「ドルマカルモ・ランチュン」（ランチュンの白ターラー菩薩）であると説明した。すでにランチュン・チョルテンでおなじみの奇跡のランチュン像である。

二階は数室に分かれており、一階の前室同様、壁の木枠に多数の石板がはめこまれている。彫刻の主題は部屋ごとに違っている。ある部屋には、ニンマ派の説く寂静《じゃくじょう》・忿怒百尊、『秘密集会タントラ』に基づく百種尊、古代チベット王国のティソンデツェン王の時代に活躍した君臣二十五人が収められている。またある部屋は十六羅漢、別の部屋は四臂観音が主役になっている。

これらの石像彫刻は比較的新しいもので、彫りも精妙とは言いがたい。しかしゴンパとこれを支える信徒との関係を考える上では、よい手がかりとなる。四臂観音の石板には願文がある。願文には、その石板が作られた年がチベット暦の十干十二支で記され、願主の名前も刻まれている。時にはその末尾に彫刻師の名前も加えられている。改めて四臂観音像同士を見比べてみると、それらはいくつかの型に基づいて量産されたもののようである。おそらく四臂観音以外の石板も同じように信者たちによってこのゴンパに奉納されたのだろう。その在り方は、ちょうど日本の神社仏閣に掲げられた絵馬に似ている。

ローゲカル・ゴンパの2階にある四臂観音の石板。浅浮き彫りに
彩色してあり、紋切型の願文が刻まれている。

ルリ・ゴンパ

さて、ここローゲカルから谷川に沿って下れば、ツァーランはすぐそこである。ツァーランの東方、ムスタン・チュの大峡谷を越えた山の中にルリ（龍の山）というゴンパがある。チュゾンと同じくカギュ派系ドゥク派に属するこのゴンパは、美しいチョルテンと壁画によって知られている。当初、私たちはルリの調査を日程に入れていた。ツァーランとルリを往復するには丸一日必要である。ところが、ローモンタンで残りの日程を組み直してみると、どうやりくりしてもそれだけの時間は取れない。結局今回は、残念ながらルリ探訪は割愛ということになった。

幸い私は二年前にルリを訪ねている。このゴンパを管理するラマ（ツァーランの村長ロプサンの息子の一人）の案内を受け、カトマンドゥでレストランを経営する高久幸雄さんとトラさんが同行した。その時の模様を以下に記しておこう。

早朝、私たちは、ツァーランの東の外れの崖道をツァーラン・チュの川床まで下りた。ツァーラン・チュとムスタン・チュの合流点では、サドゥー（ヒンドゥー教の行者）が沐浴していた。ルリのさらに先にはヒンドゥー教の聖地ダモダルクンドがある。

何回か流れを渡りながら上流に進む。ディという村のところで右の谷に入り、右岸の崖を登った。対岸の絶壁に洞窟群が口を開けている。途中のヤラという村にチェック・ポストがあり、ネパール

ヤラ村に近い峡谷にも人工の洞窟群が見られる。浸食が
進んだ岩肌はまるで巨大な熊手で引っ掻いたようだ。

人の警察官が駐在していた。そこを出てガラという村を過ぎると、ルリはもうすぐである。私と高久さんが馬に不慣れなせいもあって、出発から到着までに三時間半もかかってしまった。

それは不思議な景色の谷であった。浸食によって尖塔のような形に削られた砂岩の柱が林立し、そこに点々と穴が開いている。トルコのカッパドキアを小さくしたような景観である。麓にはお堂が一つ立っているが、これはルリの本当の魅力を伝えるものではない。細く険しい道を登って、山上の洞窟寺院を目指す。入口を入って、急な梯子段を上ると、小さなお堂がある。狭い室内には、カターが掛けられたパドマサンバヴァやドゥク派の高僧たちの塑像が祀られている。大ぶりなツァツァを並べた棚もある。座具の側には長柄の太鼓や密教法具がそろえてある。ここは時折、法要に使われているが、僧侶が常駐しているわけではない。

この部屋から狭い通路を潜ったところが、チョルテンの安置された石窟であった。ドーム型天井を持つ四畳半ほどの石室が、中央にあるチョルテンに占拠された形である。南壁は人工の壁で、そこに小さな窓が一つ開いている。チョルテンはルブム・チョルテン（十万龍の塔）と呼ばれている。均整の取れた優美な塔である。二十角形の獅子座と呼ばれる台座の上に円形の階段と蓮弁が重なり、その上に卵を思わせるつややかな覆鉢が乗っている。さらにその上に平頭と十三重の相輪が立ち、その先端に傘蓋と宝瓶が乗っている。

このチョルテンと天井・壁に描かれた絵は、その様式から十三世紀後半から十四世紀の初めのものと推定されている。ということは、ローモンタンのチャムパ・ラカンよりも百年以上古いことになる。絵の質は高く、図像資料としても第一級の価値を持っている。装飾文様も含めてすべてが興

ルリ・ゴンパの洞窟寺院。荒涼とした外観からは想像もつかないような美しいチョルテンと壁画を内包している。

味深いが、以下では主な作品を紹介しよう。

　チョルテンの覆鉢の四方には四体の尊格が描かれている。東方は仏頂尊勝母である。この女尊の左右には脇侍の観音と金剛手がおり、蓮華坐の下には四体の忿怒尊が並んでいる。西方は四臂観音（六字観音）、北方は忿怒形の青衣金剛手である。南方の図像は中央部が大きく損傷しているために同定が難しい。身色は臙脂色に近い。北壁にはこの部屋に描かれた仏菩薩の真言がまとめて記されており、その中に「オーム、ヴァーギーシュヴァラ、ムフ」という文殊菩薩の真言が含まれていることが手がかりとなる。この図は文殊の一形態であった可能性が高い。

　傘蓋の裏には、八葉の蓮弁の上に釈迦と七仏薬師が描かれている。傘蓋の縁から垂れ下がった蓮弁の内側にも女尊と花のデザインが見られる。

　ドーム型天井の中心部、チョルテンの中心軸の先には一個のマンダラが描かれている。触地印の如来を蓮弁に乗った八体の女尊が取り囲んでいる。阿閦九尊マンダラと思われる。このマンダラを囲む八つの円の中には、ククリパ、ナーガールジュナ（龍樹）、シャヴァリーパ、ルーイーパ、ドームビーパなどインド密教の著名な八人の成就者たちがいる。

　西壁も見逃せない。残念ながら左端の壁画は失われたが、その隣りには釈迦と二大弟子、持金剛、金剛薩埵、不動が並んでいる。

　山上から谷の中を見下ろすと、建物の跡のようなものが見える。チュゾンの場合と同じく、ここにもかつて村があり、それが鉄砲水によって滅びたのかもしれない。対岸には先端が針のように尖った石柱があり、そのてっぺんに円盤のようなものが乗っている。かつてはそこでサン（薫烟）が

ルリ・ゴンパのチョルテンが安置された石窟の天井には、八人の大成就者が描かれている。
中央の円の中にいるのはナーガールジュナ（龍樹）。巨大なナーガ（インドコブラ）たちが絡み合った上に坐している。その右隣りの成就者が誰かは確定できない。右上にはカターが掛かったチョルテンの傘蓋と天井のマンダラの一部が見えている。

ルリのラマ。壁画の損壊に心を痛めている。右はチョルテン。
壁から天井にかけて一面に絵が描かれ、真言が書かれている。

焚かれたという。

ルリ・ゴンパに触れた文献資料はまだ見つかっていない。しかしムスタンでゴル派が盛んになる以前から、ここにはチベット仏教の修行センターがあった。修行者たちは、インドの偉大な学僧・行者たちを手本として瞑想修行に打ち込んでいたに違いない。

ダッマル

二〇〇〇年の五月に話を戻そう。

ローゲカルを出た私たちは、一時間二十分ほどでダッマル（ダンマルとも発音）の村に着いた。ダッマルとは「赤い岩」という意味である。村のすぐ側にその名の由来となった大きな赤い断崖が続いている。そこにもたくさんの洞窟が見られる。

いかにも裕福そうな大きな農家を借りて昼食を取った。例のごとく二階の小綺麗な客間に通される。おもしろいのは、部屋の壁に西洋人のモデルを使った雑誌の広告ページがやたらに貼りつけてあることである。壁紙のような感覚だろうか。作りつけの棚にはスキン・クリームのチューブや乾いて使いものにならなくなったマニキュアのビンも「展示」してある。千年の昔から一挙に二十世紀末に連れ戻されたような思いで、私はそれらを眺めた。

こうしたものは豊かさの誇示であると同時に、彼らの意外な新しもの好きの表われでもあろう。だがそれにしても、西洋文化がこのような形で浸透しはじめていることに改めて驚く。

ダッマルの村の側にある赤い断崖。手前の緑とのコントラストが印象的である。この崖にもたくさんの洞窟がある。

ダッマルにも小さいながらゴンパがある。カルマ・カギュ派からゴル派へ宗旨替えしたものらしい。僧侶は五人いると聞いた。ここのお堂は一九七〇年に建てられた新しいものである。入口の壁に記された銘文の中には、ムスタン王夫妻を始めとする人々の名前が、寄贈物の数量や寄付金の額といっしょに列挙されている。さしずめ奉賛者御芳名というところである。例えば、地元ダッマルのテンジンは死者の冥福のために百ルピー寄進した。ワンギャルという人物は二十五ルピーとタルシン一本を捧げている。近年の寺院の再建がどのように進められているかが窺われる。

仏壇には持金剛、毘沙門天、クルギゴンポが祀られ、その間に手書きや印刷の経典が納められている。壁画は、左の壁がゴルチェン、釈迦と懺悔三十五仏、ヘーヴァジラ、右の壁が釈迦、パドマサンバヴァとペマダクポとセンドンマ、緑ターラー、門扉のある壁が二種の大黒天と長寿を司る三尊である。

休憩に時間を取りすぎて、村を出た時には四時半を回っていた。丘に登ってしばらく行くと、眼下に一直線に延びるゲミのマニ壁と病院が見えはじめた。

その晩、ゲミの村長宅の客間にいると、病院から遣いの男がやってきた。プワの男が約束通り病院にきていることを報せるためである。案の定、怪我は単なる打ち身で、大したことはないという。松井さんが、治療費も持つから代金を知らせてほしいと依頼する。

朝起きると、遠藤さんが昨夜オオカミの遠吠えを耳にしたという。それは長く尾を引く高い声で、それがはじまると、村の犬たちがいっせいに鳴き騒いだ。私はテントの中で熟睡していてまったく気づかなかった。ムスタンはチベットオオカミの棲息地である。今やオオカミは絶滅を危惧される希少動物である。しかし冬場のオオカミによる家畜の被害は、ムスタンでは深刻らしい。

朝食の時に片岡さんが不思議な夢の話を始めた。往路、ツァーランで片岡さんは一軒の家を取材した。その家には妙齢の娘がいて、その清楚な立ち居振る舞いが、彼には印象的だったらしい。その娘が夢に出てきたというのである。それは穏やかじゃない、と皆おもしろがって耳を傾ける。

ところが話は意外な方向に進んだ。夢の中では、ツァーランの娘は片岡さんの遠い親戚なのである。彼女はかつて北海道に住んでいたことがあり、片岡さんも高校時代に一度彼女に会ったことがある。なぜ彼女が北海道にいたのかも、夢の中で説明される。実は河口慧海は、チベットから一人の女性を連れ帰り、帯広に住まわせた。その子孫が彼女なのである。

村長宅からキャンプ場に戻ると、近くにあるヒマラヤ桜の満開の花の下に、老人が茣蓙《ござ》を敷いて座り、その周りで小さな子供たちが遊んでいる。まるで日本の花見である。さっきの片岡さんの夢の話が妙に心に引っかかっている。慧海が女性を連れ帰ったという話は、彼が文庫本の『チベット旅行記』を熱心に読んでいたので（前回は私もそうした）、それが頭に残っていて、辻褄合わせに使われたのだろう。さもなければ、日本人とヒマラヤのチベット系民族とが親戚同士であるなどということは、とうてい納得できるはずがない。だが待てよ。この夢にはもう少し深い意味が隠されているかもしれない。

日本人の起源に関する研究は複雑多岐に亘っている。門外漢の私には何も言う資格はないが、ただ遺伝学的な研究が有効な方法の一つであることは理解できる。この問題のスペシャリストである大阪医科大学の松本秀雄氏は、血液型ガンマー・マーカー遺伝子の分布に関してモンゴロイド諸民族を比較し、その結果から、日本民族はシベリアのバイカル湖畔に起源するとの仮説を立てている（『日本人は何処から来たか』）。その中で氏はチベット人にも触れ、「チベット人も（日本人同様）バイカル湖を中心とする北方型の蒙古系集団に属するもので、古い時期にこの地域（チベット高原）に移住し定着した民族であると考えられる」（括弧内引用者）と結論づけている。

私は一度、松本氏に電話でお話をうかがったことがある。氏は私の初歩的な質問に辛抱強く答え、日本人とチベット人が「同根である」ことを強調された。

ひょっとすると日本人とチベット人の祖先は、先史時代に北アジアのどこか、例えばバイカル湖畔で、隣り村ぐらいの近さに暮らしていたのかもしれない。それがやがて日本列島とチベット高原という第二の故郷に移り住んで、それぞれに文明を築き上げた。チベット人の文明が前近代性を克服できないまま衰退の道をたどったのに対して、日本人は近代文明へと離陸した。しかしその代償のように、日本人は今、文明の転換期にあって未来への不安に苦しめられている。その私たちが、チベット人の生活文化に接して感じる「どこか懐かしい感じ」の中には、おそらくは本物の郷愁が宿っている。

日本人は、あの温かく穏やかな停滞した世界には、もう二度と戻れないのである。

ゲリンのゴンパ

この日私たちは、これまでにない強行軍で、ゲリン、サンモチェ、サマル、ツェレと、もときた道を戻り、一気にカリ・ガンダキ河畔まで下りた。

途中ゲリンでは、往路では雨のために拝観できなかったゴンパを訪ねた。ゴンパの名はタシー・チョエリン（吉祥寺）である。これはローオケンチェンが開いたゴル派の寺院で、建立されてから今年で四百六十三年になるという。この寺で見学できるのは、ゲリンの村を見下ろす丘の斜面に立つ二つのお堂である。下のお堂は、釈迦牟尼、弥勒、無量寿、文殊、ローオケンチェンらの像を祀り、壁には釈迦牟尼、金剛界五仏、ターラー、守護尊・護法尊たちが描かれている。この壁画は、一九九一年にサシドージ・トラチャンによって完成された。上のお堂はゴンカンで、その本尊は二階に祀られたクルギゴンポである。

昼食はサンモチェの茶店で取った。最初に通された食堂があまりにも埃っぽいので、スタッフのいる厨房に逃げ込んだ。それから上り下りを繰り返しながら小さな宿場を二つほど過ぎ、サマルも休まずに通過。それから例の岩壁の道にさしかかったが、高い崖にはもう慣れっこになったようで、恐さは少しも感じなかった。

それに続く荒野は、黄色いタランガやツェルマと呼ばれる白バラ（学名ロサ・セリセア）の花盛りである。ツェレの村外れから、カリ・ガンダキの広々とした川床を見下ろした時には、やっとここ

まで戻ってきたかという感慨が湧いた。

あんずの里

夕方六時半、私たちはツォクナムに着いた。この村には十日前に一度きている。その時に比べて、緑が濃くなり、麦の穂も重みを増したようだ。この前訪ねたツォクナム下方寺の横を過ぎ、上方寺に向かう。今夜は上方寺の境内でテント泊である。

この辺りの岩壁にも洞窟が多い。それらは赤く塗られており、修行に使われていたことは明らかである。どことなくユーモラスな、顔のある四角いチョルテンが出迎えてくれる。その胴体には四面に二つずつ八吉祥の図案（宝の傘、金の魚、宝の瓶《びょう》、白蓮華《びゃく》、右巻きのほら貝、卍に結んだ組紐、勝利の幢《はたぼこ》、金輪）が描かれている。これはチベットで最も好まれる図案セットである。

上方寺の境内はキャンプにはもってこいの場所であった。ここから川岸にかけて気持ちのよい小さな林があり、近くにはカンブ（あんず）の巨木がそびえている。神聖視されているのか、その根元は、寺院や仏塔と同じように白赤青の縦縞に塗られている。カンブの実はまだ青くて小さい。これがやがて幼児の握りこぶしほどになるという。

前に書いたように、上方寺では住職が亡くなったばかりである。亡くなって十日以上経っているから、遺体はすでに鳥葬に付されているに違いない。しかし四十九日、つまり死者が生きているのでも死んでいるのでもない状態（中有）にある間は、家族は顔も手も洗わずに喪に服している。と

ツォクナム上方寺の近くに立つ彩色されたチョルテン。背後
の岩山には瞑想修行に使われたと思われる洞窟が多い。

ても寺の中を見学できるような雰囲気ではないらしい。

テントは五張り。食堂用の大型テントで夕食を取り、明日の打ち合わせを終えて自分のテントに入ると、すぐに眠りに落ちた。

翌朝、出発の準備をしているところに、近所の子供たちが集まってきた。彼らはチュクサンにある公立の小中学校に通っている。この学校は、私たちも往路、ちょっとのぞいてみたのだが、近郷近在の子供たちが、一年級から七年級に分かれて、ネパール人の先生たちからネパール語、英語、算数、理科、社会などを習っている。

子供たちの中に三人組の少女が混じっていた。その少女たちのせりふが私たちを愕然とさせた。彼女たちはネパール語まじりの英語でこう言ったからである。

「私たちはデレデレ（とても）プアなの。だからあなたのスカーフをちょうだい。櫛と石鹸も欲しいわ」

もしもこの子たちが、自分たちは誇り高い山の民ではなく、実は辺境に住むただの貧乏人なのだという意識を持たされはじめているとすれば、それはとうてい幸せな状態とは言えないだろう。今この谷には、欧米化の波とネパール化の波とがいっしょになって押し寄せている。

峠を越えて

午前九時二十分、上流に向かって出発。カリ・ガンダキの川床には戻らずに、山越えしてムクテ

ィナートの谷を目指すのである。

ナルシン・コーラを横切り、対岸のテタンの村に近づく。川床から見上げるテタンは、まるでドラキュラ伯爵の城のような不気味なたたずまいである。チュクサンと同じようにテタンもいくつかの小集落に分かれている。そのうちの一つを通る。この村も石垣を高く積み上げ、道は迷路のように曲りくねっている。テタンにもゴンパがあるようだが、時間の都合で探訪はまたの機会にした。今日中に峠を越えて、ジャルコットまで行かなければならないのだ。村の背後の丘には長いマニ壁がある。

そこからさらに山道を登って、最初に休んだ所が、前もって聞いていた魔女の肝臓岩の下だった。それは長径八メートルほどの平たい岩で、表面にパドマサンバヴァが浅く彫られている。彼に退治された魔女は三〇〇メートルの腸の持ち主だったから、肝臓もこれぐらいあるのが当然である。この辺りはひどいがれ場で、山上の要塞のような岩壁から降ってきた岩の塊が、風化作用によって次第に細かく砕かれながら坂を転げ、最後には砂礫となって谷に流れ落ちている。

昼食の弁当を開いたのは、峠の下の眺めのよい野原であった。馬たちも芝生を食べて腹ごしらえをする。食後、ついうとうとしていると、遠藤さんがシェルパたちと何やらおもしろいことを始めた。

きっかけは小石の遠投だったようである。シェルパたちがむきになって投げるので、遠藤さんもつい本気になった。競技は、勝ち負けが分かりづらい石投げから、立ち幅跳びと腕立て伏せに移る。そして何と遠藤さんは、そのすべてに勝ってしまったのである。シェルパたちは、小柄な体に似合

わぬ足腰の強さと、バネのような筋肉を持っている。しかもここは海抜四〇〇〇メートルの彼らの庭なのだ。遠藤さんは、「彼らはこういうことをやったことがないので、力の入れ具合が分からなかったんでしょう」と謙虚だが、このような高地で日本人が体力でシェルパに勝てるとは思わなかった。こういう土地柄では、体力的に勝れた者はそれだけで尊敬される。だがシェルパたちの遠藤さんを見る目がどう変わったかは、旅行日数が残り少なかったため、確認できなかった。

ニャ・ラ（四二〇〇メートル）を越えると、壮大なパノラマが眼前に広がった。アンナプルナとニルギリは、残念ながら雲に隠れてほとんど見えない。しかし、ダウラギリI峰（八一六七メートル）とトゥクチェ・ピーク（六九二〇メートル）は雲際高くそびえている。

広々とした山原をしばらく進んでゆくと、前方に緑の谷間が開けてきた。対岸の大斜面に村々が点在している。正面がプラン、右がジャルコット、その奥がキェンカルである。大聖地ムクティナートは、左手奥の山裾に広がる塀に囲まれたエリアであろう。

今や私たちは、これまでとは別の小天地の入口に立っていた。

第五章　百泉の流れるところ

ゾン

そこから急な坂を下ってゆくと、眼下に、古代ギリシアの都市国家のアクロポリスを連想させるような城砦の丘が見えはじめた。この丘の麓に広がるのがまさにゾン（城砦）と呼ばれる村である。ゾン・チュが造ったこの豊かな谷には六つの主要な村があり、ザルゾンユルドゥク（ザル・ゾン〈等の〉六郷）と呼ばれている。それは左岸のザル（ジャルコット）、プラン、キェンカルと、右岸のゾン、チュンコル、プットラである。

ゾンは、本来はラプギャルツェモ（殊勝なる峰）という名前だったらしい。水と緑に恵まれた谷間の村である。最前、山の上から眺めた小高い丘の上に、赤いゴンパと巨大なゾンの廃墟とが同居している。

丘を登ってゾン・チョエデ（ゾン寺）を訪ねた。この僧院もまたゴル派に属している。五百年前に、やはりローオケンチェンによって開かれたと伝えられる。ここには現在四十人の僧侶がいるが、

そのうちの十人はインドなどに出掛けていて留守だという。

集会堂には、ガラスのはまった仏壇の中に本尊の釈迦牟尼仏をはじめとするたくさんの金銅仏と仏塔が安置されている。壁画の主題は、これまで何度となく目にしてきたもの、すなわち金剛界五仏、無量寿仏、薬師如来、ヘーヴァジラ尊、四臂観音、パドマサンバヴァなどである。これらの壁画は十二、三年前に描き直されたものである。

おもしろいのは、こうした新しい絵の間に古い絵の一部が残されていることである。門扉のある壁に描かれた四面大黒天、クルギゴンポ、毘沙門天、そして四天王の中の多聞天がそれである。新旧の壁画を比較すると、画力の差は歴然としている。もちろん古い方が上手なのである。この堂に限らず、チベット仏教の古い寺院の内壁には、何層かの壁画が塗り込められている。おそらくは似た主題が繰り返されているのであるが、不幸なことに絵の水準は、描き直されるたびに下がる傾向にある。

さらに、この堂の左の壁にも興味深い古い絵が残されていた。それは王侯が高僧を供養している図である。案内の僧によれば、この王侯はプンドゥントギャルというゾンの王、高僧はこのゴンパのラマであるという。この二人は、かつてここにあった小さな王国の俗界と聖界の代表者なのだ。王はラマにとって最大の施主、檀家であり、ラマは王の宗教顧問兼司祭であった。このような持ちつ持たれつの関係は、ゾンのような小さな村から始まって、ムスタン王国、チベット、さらにはモンゴルの王族や中国の皇帝とチベットの大ラマたちとの間にも見られたものである。

ゾン・チュを渡る

ゴンパを出た私たちは、対岸のジャルコット（三五五〇メートル）を目指して谷を下った。西日を受けて麦の穂がきらきらと光り、ポプラの若葉が目に眩しい。

ジャルコットは大きな岩盤の上にある。赤いゴンパ、荒廃した城砦、民家のかたまり。それは今見てきたゾンの村と川を挟んで一対をなしている。

チベット人は険しい地形を利用した城砦建築に天才的な才能を発揮する。その代表作がラサのポタラ宮である。この宮殿は、東側の白い宮殿と中央の赤い宮殿とが違った構想によって造られ、その後も増改築を繰り返してきたが、全体が不思議なほどの調和を保っている。ポタラ宮ほど複雑・大規模ではないにしても、彼らの造る山城や山上都市はどれも皆美しい。ジャルコットも、その土台となっている巨大な岩盤も含めて、実に見事な均衡の上に築かれている。それは岩から直接生え出てきたもののように周囲の自然と溶け合っている。

ゾン・チュは入域制限区域の境界線になっている。私たちはこの川を渡り、十三日ぶりでこの区域の外に出た。

坂を登ってジャルコットに着いたのは五時であった。私たちは旧城の外にあるヒマーリ・ホテルの門を潜った。ここがトラさんの実家である。父親セボチメードルジェ・タクリは数年前に亡くなり、長男が後を継いでいる。このホテルはこの近辺では老舗である。施設は老朽化しているが、緑

ジャルコット。かつてこの山上都市は一つの王国であった。背後にカリ・ガンダキ峡谷に至る大きな風景が広がっている。

に囲まれた環境がすばらしい。近くにはボン教のゴンパがある。アンナプルナ一周のトレッキングにきたのか、西洋人の客が何人か泊まっている。

入域制限区域を出た時点で、連絡官の仕事は終わった。彼は次の日の朝、一人でムクティナートの事務所に報告にでかけ、ついでにヒンドゥー寺院を参詣して、額に赤いティカを付けて戻ってきた。そして私たちに別れを告げると、ジョムソン目指して山を下りていった。

ジャルコット

早朝、今年八〇歳になるトラさんの母親クンサンが、ホテルの中庭に立つタルシンの根元で杜松《ねず》の葉を焚いている。サン（薫烟）によって、この土地の神々を供養しているのである。彼女はツォクナムの下方寺から、昨日の私たちのように峠を越えて、この肥沃な谷を支配する一族のもとに嫁いできた。今から六十数年前のことである。

この六十数年の間にバラガオン地方の王たちはことごとく力を失った。選挙で代表者が選ばれるようになった。大柄で精強なカムバ・ゲリラが現われ、この村にも滞在した。やがて彼らを追って訓練されたグルカ兵が進駐してきた。その間も彼女は、一家の主婦として、こうして毎日、天地の神々を祀る務めを果たしてきたのに違いない。

ムクティナートを参詣する前に、ジャルコットの旧城内を見学した。その小さな門はカグベニでも見た守護神のポ（男）とモ（女）によって守られている。ここのゴンパもゴル派で、五百二十年

前に建立されたと伝えられる。名前はザル・チョエデと言う。バラガオンには、チョエデと名の付く寺院が三ヵ寺ある。カク、ゾン、そしてザルである。

集会堂の本尊は釈迦牟尼仏。その他にサキャパンディタやゴルチェンの像があり、壁には釈迦と十六羅漢・二侍者、三世仏、懺悔三十五仏、一切智大日如来、無量光仏、四臂観音、四天王などが描かれている。これらの壁画は半世紀ほど前に描き直されたものである。

その境内にムクティナート・チベット伝統医学センターがある。このセンターは一九八九年、富山医科薬科大学の難波恒雄氏らの協力によって開設され、その後、オーストリアのエコ・ヒマールというNGO（非政府組織）から二年間財政援助を受けた。責任者は、ソマナムギャル、通称メメソマ（ソマ爺）という今年七二歳になるアムチである。彼は、五十数年前にラサの有名なチャクポリ医学校で十年ほど勉強したことを誇りにしている。これまでこのセンターでは十数人がチベット医学を学んだが、少し勉強すると欧米に渡ってビジネス・ラマのようになってしまう者が多く、後継者の養成は必ずしも思うようにはいっていないらしい。

ヒマラヤの伝統医療の復興。魅力的な課題ではあるが、難しいのはおそらくアムチ同士の人間関係・利害関係をどう調整するかであろう。メメソマ自身頑固一徹という感じの人物である。この老アムチにローモンタンのテンジンたちのような柔軟さを期待することができるだろうか。

かつてのジャルコット王の住まいは、五階建てで、部屋数は二十六もあるという。この大きな建物は、今もトラさんの実家の持ち物であるが、荒れ放題に荒れて、物置にするくらいしか使い道がないらしい。ただ仏間は今も使われているようで、天井から長柄の太鼓が下がり、机には金剛杵《しょ》・

ソマナムギャル、通称メメソマ。ムクティナート・チベット
伝統医学センターで医療と教育に携わってきた。

金剛鈴《れい》などがそろえてあった。柱には彫刻と彩色が施してあり、煤けた壁にはパドマサンバヴァと二妃の三尊像などの古い絵が残っていた。

ムクティナート参詣

十一時、ムクティナート（三七五〇メートル）参詣に出発する。ムクティナートはジャルコットから上流に向かって参道を一・五キロメートルほど上った所にある。

二年ほど前から、その手前のラニパウワに建設ラッシュが起こり、雨後の筍のようにホテルや土産物屋が立ちはじめている。巡礼者とトレッカーの両方を当て込んでのことであろう。ホテルの一つには、どういうわけか、ボブ・マーレー（カリブの音楽レゲエの教祖的歌手）の名前が付いていた。

ムクティナートはチベット仏教とヒンドゥー教の共通の聖地として名高い。巡礼者は、ネパール国内だけでなく、インドからもやってくる。私がたまたま声をかけたヒンドゥー教徒の家族は、南インドのバンガロールから、あちらこちらの聖地を巡礼しながら三〇〇〇キロの道のりをやってきたと話していた。通常は、ジョムソンまで飛行機、そこからは馬や徒歩だが、ヘリコプターをチャーターして近くのヘリポートに乗りつける金持ちもいるとのこと。

ムクティナートはヒンドゥー教での名称で、「救済の主人」を意味する。これは境内の一番奥にあるヴィシュヌ神の祠堂ムクティナート・マンディルに因んだものである。境内全域はムクティチェットラ（救済の地）と呼ばれる。

一方、仏教徒はここをチベット語でチュミクギャツァ、つまり「百余の泉」と呼んでいる。チベット仏教徒にとって、この場所はパドマサンバヴァが足跡を残した聖地である。彼だけではない。インド密教の八十四成就者はことごとくこの地を訪れているという。彼らは、西チベットの聖山カイラース（カンリンポチェ、カンティセ）に詣で、聖なる湖マーナサローワル（マパムユムツォ）で沐浴して、その水を持ち帰り、百八十の泉としてここに埋蔵した。この霊場を礼拝供養する者はあらゆる罪を浄められるという。ヒンドゥー教がこの地に進出したのは、一説によれば十九世紀の初めである。それ以前、ここは仏教の霊場だった。そしてその一部はボン教のものだったかもしれない。

岩山の麓の傾斜地に石垣で囲まれた広い境内があり、疎林の間に建物が点在している。最初に訪れたのは、神聖な火を祀るメンバル（火が燃える）堂である。堂内にはかすかな硫黄の臭いが漂っている。このお堂はニンマ派に属し、尼僧が管理している。土壇の上に四臂観音、文殊、金剛手の三種主尊とパドマサンバヴァの塑像などが安置されている。有名な三つの火は、中央の四臂観音像の下にある金網が張られた窓から覗くようになっている。左からサラメンバル（土に火が燃える）、チュラメンバル（水に火が燃える）、ドラメンバル（石に火が燃える）である。これは天然ガスの炎が岩の間から吹き出して、それぞれ土、水、石が燃えているように見えるものである。しかし、健在なのはチュラメンバルだけで、サラメンバルはすでに燃え尽きており、ドラメンバルも元の場所から手前に場所を移して見せてはいるが、私には火が燃えているようには見えなかった。

次にムクティナート・マンディルに向かう。ここはムクティナートの奥の院的な場所である。ヴィシュヌ神を祀る小さな神殿を三方から水の壁が囲んでいる。それは上から流れてきた泉水を、牛

冬のムクティナート。中央の塔はムクティナート・マンディル。
ヒンドゥー教の大神ヴィシュヌを祀る神殿である。

ムクティナート・マンディルを三方から囲む水の壁。牛の首の蛇口から清らかな泉水が流れ落ちている。

の首に作った百八の真鍮の蛇口から落としているものである。スネルグローヴが一九五六年に撮った写真と見比べると、現在の施設はかなり改修されたものであることが分かる。私たちが見ている間にも、三々五々巡礼者がお参りにやってくる。熱心な人になると、百八の滝の一つひとつに打たれた後、神殿の前の四角い池で沐浴している。彼らに混じって私たちも、ヒンドゥー教のほがらかな大神ヴィシュヌを拝み、額に赤い印を付けてもらった。

この三層の屋根を持つパゴダ式の社は、十九世紀になってから建てられたもののようである。ヒンドゥー教がやってくる以前、この湧き水の豊かな森は、パドマサンバヴァをはじめとするインド密教の行者たちに捧げられた聖域だった。しかし今ではすっかりヒンドゥー教にお株を奪われた格好である。インドでどのようにして仏教がヒンドゥー教に取って替わられていったか。その実例を見るような思いがした。

この他に境内には、シヴァ神と妃パールヴァティーを祀るシヴァ・マンディル、ニンマ派のマルメ・ラカン（灯明堂）、ドゥク派のゴンパ・サルバ（新ゴンパ）、巡礼宿などがある。マルメ・ラカンはパドマサンバヴァと二妃、ペマダクポ、センドンマ、ニンマ派の祖師たちを祀る。ゴンパ・サルバは釈迦牟尼と二大弟子、四臂観音、パドマサンバヴァなどを祀り、護法尊などをモチーフにした透かし彫りの衝立てが特徴的だ。ゴンパは境内の下の斜面にもさらに二つ見えている。ゴル派のガル・ゴンパとボン教のサムリン・ゴンパと思われる。境内のあちらこちらには植樹が行なわれており、苗木の傍らに植樹した本人の名前や住所を記した小さな立て札が立っていた。

帰途、ラニパウワのレストランで遅い昼食を取った。他の馬方はどこかに食事に行ってしまった

のに、ツェワン少年だけは所在なげに表に立っている。中に呼び入れて、好きなものを注文させると、彼は安いネパール・ラーメンを取って、うまそうに食べた。おそらくはそれが彼にとって一番身近なご馳走だったのだろう。

山の娘

ジャルコットに戻ってしばらくすると撮影会が始まった。松井さんがクンサンの写真を撮るというのである。老貴婦人は、ジャルコットの旧王族の格式を示す装いで登場した。ホテルの裏手の緑の多い場所が選ばれ、松井さんの撮影の合間をぬって、私たちもシャッターを切る。

そこに若い女性が不意打ちのように現われた。黒い袖なしのチュバ（チベットの民族衣装）の下に真白い長袖のブラウスを着ている。クンサンの孫娘で数え年一六歳になるツェリンキーパルである。彼女はくちゃくちゃガムを嚙んでいて、松井さんに注意されて慌てて草むらに吐き出している。その様子は山だし娘そのものである。しかし黙ってポーズを取ると、その清楚な美しさは息を飲むばかりだ。昨日、ホテルの厨房辺りをうろうろしているのを見かけたが、別に気にも止めなかった。普段着から民族の正装に着替えた少女の変身ぶりに目を見張る。

日が西に傾き、カグベニに下りる時間が迫ってきた。クンサンにカターを掛けてもらい、キーパルのお酌で地酒のロキシーを三杯ずつ飲みほすのが出発の儀式であった。高地でアルコールがよく回ったのか、それとも山の娘の清潔な色香に当てられたのか、しばらくは陶然として馬に揺られて

クンサン・タクリ。夫亡き後、一族の中心である。ジャルコット
の旧王族らしい豪華な衣装でカメラの前に立った。

クンサンの孫娘ツェリンキーパル。

いた。

河口慧海は、堅物の印象に似ず、ヒマラヤの女性の美しさを繰り返し賛美している。ヒマラヤには、日本古代の貴族の姫君が戯れに神代の山姫の衣を着けて牛を追っているような、そんな気品のある美女がいる。モンゴルや満州（現中国東北部）からチベットを通ってヒマラヤに修行にきた僧侶が何人も、こうした美女の虜になって、一生を棒に振り、山里で虚しく暮らしていると。これは彼が、長期に亘った第二回のインド・ネパール・チベット旅行（一九〇四―一五年）の間に、ネパールやシッキム（現インド領）で見聞したことである。

キェンカルの村を過ぎ、ゾン・チュに沿った高い段丘の道をカリ・ガンダキに向かって下る。振り返ると、周囲が薄闇に沈んでゆく中で、ジャルコットとゾンの辺りだけが夕日に照り映えている。西洋人ならば、こういう場所をシャングリラ（ヒマラヤ山中に仮想された理想郷）と呼ぶのかもしれない。日が山の端に没し、何もかもが青く染まった頃、眼下にカグベニの小さな灯が見えはじめた。

午後七時、外国の援助で作られた、今は稼働していない風力発電所の脇を通って村に下りた。レッドハウスのレストランは西洋人のトレッカーたちでいっぱいだったので、奥の居間に通される。ペマドルカル女将の「ツァンパ喰うか」という呼びかけに、思わず「下さい」と答える。彼女は喜んで、全員に「エスペシャル・ツァンパ」なるものを出してくれた。木椀に手づかみではなく、小ぶりのカップにスプーンが付いている。味も確かに特製の高級品である。ただあまり高級すぎて、ツァンパは大盛りのツァンパ相手に悪戦苦闘するあの「醍醐味」はない。そういえば、この旅ではツァンパはほとんど口にしなかった。

実をつけた麻黄（まおう）の木。標高の比較的低い所に
普通に見られる。その茎は漢方薬の原料にもなる。

荒野に咲く野生の白バラ。学名ロサ・セリセア、地元では
チベット語でツェルマ（荊）と呼ばれている。

もう旅も終わりに近く、緊張を伴うものは何も残っていない。

強風の谷

翌五月十七日、朝九時にレッドハウスを出て、カリ・ガンダキの川床をジョムソンに向かって進んだ。最後の騎行である。この谷の風景を目に焼きつけておこう。川は二週間前より確実に水量を増している。そしてくる時にはまだ目立たなかった黄色、白、紫の花々が咲き誇っている。

十一時、オールド・ジョムソンに着き、小さなボン教のゴンパを見学する。寺名はプンツォユンドゥン・リン（円満卍寺）である。堂内の仏壇には、土で造られたボン教の諸尊像が安置されていた。守護尊ウェルセーガムパ、寂静尊クンサンギャルワドゥーパ、慈愛の女尊チャムモ、成就者タクラメンバル、古代の著名なボン教の教師デンパナムカなど、いずれもどこか味のある尊像である。それは図像学的には、チベット仏教の仏たちに似ているが、それでいてどこかが違っている。天井の明かり取りの壁には、ボン教の開祖シェンラプミボが天から降ったとされる山ユンドゥングプツェー（卍九層）が描かれていた。この山は聖山カイラースに当たる。

ボン教は、かつては仏教の競争者であった。しかし今では四大宗派に次ぐ、チベット仏教第五の宗派のようになっている。

午後になって風が出はじめるなか、私たちはオムス・ホームに帰着した。皆熱いシャワーを浴びることを何より楽しみにしている。

7月、標高4000メートル近いサムドゥリンという小さなゴンパの
近くに、様々な高山植物が花を咲かせていた。

ジョムソンのボン教寺院の壁画。上は象猿兎鳥の「和気四兄弟」、
下は「モンゴル人虎を馭す」。いずれも縁起物の絵である。

だが私には一つやり残したことがあった。パドマサンバヴァにゆかりのクツァプテルガ（クズクテルガ）・ゴンパの拝観である。このゴンパは、対岸に見えているあのティニの近くにあるということだ。ここまできて行かない手はない。

他のメンバーは休んでいると言うので、私は一人で行くことにした。地元の男が道案内に付く。ラッパたちも後から追いかけるという。

上流の橋を渡ると思いきや、案内人は私の馬を引いてジョムソン街道を南に下ってゆく。この辺りは谷が罎《びん》の口のように狭くなっている。そのため午後の南風は一段と強い。猛烈な向かい風に、馬にしがみつくようにして進む。生まれてこのかた、これほど強い風に身をさらした記憶はない。シャンの村の手前で川原に下り、吊り橋を馬で渡る。ティニの村などとっくに過ぎている。どこに連れてゆかれるのか分からない。だが、ここはこの男に任せるしかない。振り返ると、ラッパとディデが遠くから付いてきていた。

身代わり五宝の寺

天空にそびえるニルギリが凄絶この上ない。山道にかかり、ドゥムパという村を過ぎた辺りでのことである。前方を二人の女性が歩いている。明らかに地元の人間ではない。これはどうも日本人のようだと思った瞬間、向こうの方から声を掛けてきた。

「奥山さんじゃないですか？」

サングラスを外したその婦人は、ゲミでお世話になった看護婦の原田てる子さんだった。奇遇にお互いびっくりする。原田さんは入域許可の都合でしばらくジョムソンに戻っていたのである。今日は、日本からきている大学生の島さんとドゥムパの林檎園で作業をした。ジョムソンの事務所に帰る段になって、今までいっぺんも通ったことのない山越えの道を通ってみる気になったのだという。仏、いやパドマサンバヴァ様のお導きというところであろうか。

そこにシェルパたちも追いついてきたので、いっしょに寺参りをすることにした。ゴンパは丘の頂上の崖の突端にあった。カリ・ガンダキの対岸にジョムソン、シャン、マルパの村々を見下ろし、恐いほど眺めがよい。

このゴンパは、有名な寺宝の名を取ってクツァプテルガ（身代わり五宝）と呼ばれている。しかし近くのティニで発見された『聖地案内』には、以前はオェセルカン（清らかに光る雪）、今はドゥムパ・ラカンと称されている、とある。宗旨はニンマ派である。住職によれば、この寺は千二百有余年前に開かれた。ローゲカルと同じくパドマサンバヴァを開山とするのである。先の案内記によれば、ここには、パドマサンバヴァ本人と区別のない霊験あらたかなテルガ（五宝）が蔵されている。またパドマサンバヴァの足跡、膝跡、手形も残されているという。

だが実際には、このゴンパは、十七世紀末にウーギェンパルサンによって開かれたようである。彼は、師である埋蔵経典発掘者ドゥードゥルドルジェが発掘したテルガを中央チベットからこの地に運び、寺を建てて祀った。この寺はネパール・チベット戦争（一八五四—五六年）の際に一度焼けている。それを再興し、この地に仏教信仰を蘇らせたのは、東チベットからきたサンギェサンポで

あった。おそらくこのラマをかたどったと思われる「ラマ・サンギェ」の銘が入った塑像が、この寺には残されている。また肝心のテルガは、現在はティニの村人が管理していると言われている。なぜかは聞き漏らしたが、このゴンパには子供がたくさんいて、珍客がきたとばかりに、住職に案内される私たちにぞろぞろとついて回った。本堂には、集会堂と大きなマニを収めるトゥクチェン・ラカン（大悲堂）がある。この本堂は四十数年前に再建されたものである。

集会堂には、釈迦牟尼、無量寿、文殊、四臂観音、パドマサンバヴァ三尊、弥勒などの像が祀られている。壁画はカマルドージ・トラチャン父子によって、一九五七年に完成された。トゥクチェン・ラカンには、上述のラマ・サンギェなどの祖師像がある。

やはりテルガはティニにあるという。それではそこに行ってみようということになった。外に出ると、子供たちが、「シャプ（御足）、シャプ」と言って、私の注意を目の前の小さな祠に向けてくれた。祠には表面に数本の溝が走った岩が祀られている。なるほどこれが仏足跡ならぬグル（パドマサンバヴァ）足跡というわけである。近くには同じようにグルの膝跡が付いた岩も祀られていた。

偉大な宗教的人格が、超人的な行動半径を持ち、常識では考えられないほど広い範囲に足跡（時には文字通りの足跡）を残す。これは何もパドマサンバヴァに限ったことではない。例えば、弘法大師が湧きださせたとされる弘法清水は日本全国に分布している。そう言えば、弘法大師信仰とパドマサンバヴァ信仰との間には共通点があるかもしれない。

ティニの村

山を反対側に下りると、神秘的な碧い水をたたえた池がある。その側を通り、谷を渡ってティニの村に入った。

ティニには小さなボン教のゴンパがある。堂内には、左にクンサンギャルワドゥーパ、右にウェルセーガムパの迫力に満ちた尊像が並んでいる。クンサンギャルワドゥーパは、身体の色が白く、五面十臂で、右と左の第一手の掌に日月を象徴するア字とマ字を乗せている。ウェルセーガムパは青黒く、九面十八臂で、緑色の明妃ガムモユムチェンを抱擁している。しかもその九面は三面ずつ三段に重なっており、下段が忿怒尊、中段が虎、ライオン、豹、上段が龍、ガルダ、マカラという異様な姿だ。この二つの像の間にはパドマサンバヴァの小像があり、ウェルセーガムパの右隣りには、美しい持金剛仏の金銅像が安置されている。

さて、問題はテルガである。応対に出た村人は、テルガは確かにこのゴンパのラマが保管しているが、あいにく今日はラマがジョムソンに出掛けているので、テルガは見せられない、と言う。

スネルグローヴは、四十年以上前に先ほど訪ねた丘の上のゴンパで、金属製の櫃《ひつ》に入ったテルガを見ている。彼によれば、テルガとは五体の小さな塑像セットである。パドマサンバヴァが二体、マンダーラヴァが一体、パドマサンバヴァの八変化の一つドルジェトルーが一体、薬師如来が一体である。さらにそこには、パドマサンバヴァのものとされる靴の片方、こげ茶色の石に自ら現われ

た（ランチュンの）サンヴァラ尊、ア字が浮かび上がった頭蓋骨の一部、石で作った五仏の冠も保管されていた。

私にはスネルグローヴの幸運は与えられなかったが、これも巡り合わせである。テルガは今は外国人には見せないらしい。日本人と同じで、彼らもお金の誘惑に弱いことは分かっている。しかし札ビラを切って、地元の人々が大切に思っているものを無理にこじ開けたくはない。いつか拝観できる機会もあるだろう。

考えてみれば今度の旅は、パドマサンバヴァの霊場を巡る、いわばパドマサンバヴァ・ロードを行く旅であった。ランチュン・チョルテンに始まり、ゲミのメンダン、ローゲカル、テタンの肝臓岩、ムクティナート、そしてクツァプテルガと、パドマサンバヴァは様々な形で私たちの前に現われつづけた。それほど、この密教行者にゆかりの聖地・霊場がムスタンには多いのである。

もちろんムスタンの仏教がパドマサンバヴァ信仰一色というわけではない。私たちがツァーランやローモンタンで目にしたすばらしい文化財の多くは、ゴル派とその支持者たちの精力的な活動を物語るものであった。そしてこの活動とパドマサンバヴァ伝承との間には、リアリティーにおいてかなりの落差があることもまた事実である。しかし、奇跡と幻想に満ちた超人伝説は、攘災招福《じょうさいしょうふく》を願い、呪術的・神秘的なものに救いと癒しを求める民衆の心が生み出したものであり、これを抜きにしてヒマラヤの仏教を語ることはできないという気がする。

ティニからは上流のオールド・ジョムソンを回って帰った。約四時間の行程であった。

その晩私たちは、理事長の近藤亨《とおる》氏の招きを受けて、原田さんたちのいるネパールムスタン地

域開発協力会の事務所で晩餐をいただいた。

ブッダ・ジャヤンティーの日に

翌五月十八日の早朝、私たちはジョムソンを発った。ポカラは雨との情報であったが、飛行機は予定通りに飛んだ。雲が多く、ヒマラヤの峰々は見えない。有視界飛行のため、飛行機はいつもよりも高く飛んだ。

ポカラの空港で、知人宅に寄る青木さん、遠藤さんと別れ、飛行機を乗り継いで、午前九時半にはトリブヴァン空港に降り立った。あっけない幕切れであった。

カトマンドゥに着くまでうかつにも気づかなかったのであるが、今日はブッダ・ジャヤンティーの日であった。ブッダ釈迦牟尼の生誕の祝いを日本では一般に花祭と呼んで、新暦の四月八日に行なっている。しかしネパールでは、南方仏教と同じく、釈迦牟尼の生誕と成道（悟りを開いたこと）と入滅（涅槃に入ったこと）の記念祭を同じ日に行なっている。これがブッダ・ジャヤンティーである。この祭は、ネパールではジェーシュタ月（五月から六月）の満月の日に行なわれる。それが今年は西洋暦の五月十八日に当たるのである。

ラジンパット街のホテルに部屋を取り、しばらく休憩した後、ボードナートに向かった。カトマンドゥでブッダ・ジャヤンティーを最も盛大に祝うのは、スワヤンブナート寺院である。しかし私は今回の旅をどうしてもボードナートで締め括りたかった。

日本人で初めてチベットの都ラサに到達した河口慧海は、日本最初のネパール入国者でもあった。彼は、前後二回通算十八年にも及ぶインド・ネパール・チベット旅行の間に、カトマンドゥ盆地を四回訪問している。彼の定宿は、知人ブッダバッザラが村長と住職を兼ねるこのボードナートであった。ブッダバッザラが慧海に贈った木彫の菩薩像六軀《く》は、現在、東北大学文学部と東京国立博物館に分けて所蔵されている。

ボードナートの中心は、世界最大級の仏塔ボードナート大塔である。この塔を巡る遶道の周囲には、チベット仏教各派のゴンパ、ゲストハウス、仏具屋、土産物屋、レストランなどがぎっしりと立ち並んでいる。

大塔の周囲を右遶する群衆の中には、着飾った親子連れが目立つ。拡声器が読経を流し、臨時に設けられたテントの中ではブッダの像に花や果物が供えられている。大塔の基壇にも大勢の人が登っている。まさに縁日の賑わいである。

仏教の開祖であるブッダ釈迦牟尼は、ネパール南部のルンビニーで誕生した。それは学者の算定によれば、紀元前四六〇年代、あるいはそれより百年ほど前のことである。釈迦は、二九歳で歓楽の生活を捨てて一介の修行者となり、六年の苦行の後、三五歳の時に、北インド・ブッダガヤーの一本の菩提樹の下で成道し、ブッダ（覚者）となった。それから八〇歳の年にクシナガラで入滅するまでの四十五年間、インド各地に遊行して、自らが体得した真理を言葉にして説きつづけた。

その教えは、やがてアジア各地に広まり、数えきれないほど多くの民族の間に浸透して、長くアジアの人々に生の指針を与えつづけてきた。その一つの姿を私たちはムスタンで見たのである。

世界最大級の仏塔ボードナート大塔。カトマンドゥ盆地の中央
にあって、チベット仏教との関わりがことのほか深い。

「おっ、ここだ、ここだ」

右回りの雑踏を抜けだして、私たちは、大塔の北側にある三階建ての家の前に立った。壁に慧海のレリーフとプレートがはめこまれている。数年前に日本の篤志家によって建立された。プレートには日本語、ネパール語、英語でこう刻まれている。

『ここに日本とネパールの友好が始まる』

慧海は、最初から友好親善を目的にこの国にきたわけではなかった。しかし彼は、当時のネパール政府の要人から農民・牧民まで、数多くの人々と親交を結び、サンスクリット語の経典と漢文大蔵経との交換を実現するなど、どの親善大使にも負けない働きを一私人としてなした。

国際関係も所詮は人と人との関係である。ムスタンは日本と同じく、大乗仏教を受け入れ、密教の文化を育んできた。しかし今やゴンパは荒れ、マンダラは滅びようとしている。この時に、ムスタン文化の復興を、遠い昔に分かれた「親戚」である日本人が、最新の技術を駆使して手伝う。そこに文明史的意義を感じる。

そこから再び人の流れに乗って歩いて行くと、いつのまにかゴンパの門前に着いていた。ここはチャムチェン・ゴンパ（弥勒大仏寺）といい、ムスタンでもその名を耳にしたチョプギェーティチェン・リンポチェが建立したサキャ派の寺院である。入口で靴を脱ぎ、本堂の中に進み入る。寺名の通り、本尊はムスタンで見慣れた弥勒の大仏である。

体が自然に動いて、ゆっくりと五体投地した。バッグからムスタンでもらったカターを一つ取り

ローモンタンのチョエデ・ゴンパの少年僧。こうした少年
の一人ひとりが、ムスタン仏教の明日の希望だ。

出し、金色に輝く未来の仏の前に捧げた。そして私たちは、この旅最後のゴンパから明るい戸外に出た。

あとがき

私たちは、カトマンドゥに残った松井さんを除いて、五月二十一日に帰国した。松井さんは、五月末、ティジ祭の取材のために再びムスタンに入った。六月に一旦帰国したのも束の間、今度は花の写真を撮るために、みたび現地に赴いている。そのタフさには脱帽するしかない。

帰国直後の私は、さすがに心身共にくたびれていた。しかし時が経つうちに、ヒマラヤの彼方に帰りたがっている自分に気がついて驚いている。

今回の旅行によって、私たちは、当面の課題としていた予備調査をほぼ完了することができた。これをどのようにして次につなげてゆくか。私たちは今その計画に熱中している。

本書は、私的な旅日記の体裁を取っているが、同時にこれまでの私たちの取り組みの経過報告であり、ムスタン王国への案内書を意図したものでもある。これが、ムスタンとその文化への関心を高めることに、いささかでも役立つことを願ってやまない。

なお、本書の中に記した各地の標高は、Himalayan Maphouse 発行のトレッキング・マップ(Paolo Gondoni, Mustang : The Forbidden Kingdom)の最新版によった。ただし、この種の数字は資料によってかなりのばらつきがある。あくまでも一つの目安と考えていただきたい。

本書の執筆に当たって適切なご助言をいただいた松田義幸、福士昌寿、高山龍三の諸先生方とハイライフ研究所の皆様に御礼申し上げます。また私たちを暖かく迎え入れて下さったムスタンの人々、同行者・スタッフ一同、ムスタン関係の情報をお寄せいただいた田中真理子・渡辺高志の両氏にも深く感謝いたします。

奥山直司

二〇〇〇年十二月

参考文献

飯島茂『ヒマラヤの彼方から―ネパールの商業民族タカリー生活誌』NHKブックス、日本放送出版協会、一九八二年。

金子英一「ロー地区予備調査報告」『大正大学研究紀要』第六八輯、一九八三年。

河口慧海『チベット旅行記』全五巻、講談社学術文庫、講談社、一九七八年。

河口慧海『第二回チベット旅行』講談社学術文庫、講談社、一九八一年。

川崎一洋「ローマンタン・チャンパ・ラカンの壁画マンダラについて」『密教図像』第一七号、一九九八年。

D・スネルグローヴ／H・リチャードソン、奥山直司訳『チベット文化史』春秋社、一九九八年。

高橋照『秘境ムスタン潜入記』東京新聞出版局、一九七九年。

根深誠『遥かなるチベット―河口慧海の足跡を追って』中公文庫、中央公論新社、一九九九年。

松本栄一・奥山直司『チベット［マンダラの国］』小学館、一九九六年。

松本秀雄『日本人は何処から来たか　血液型遺伝子から解く』NHKブックス、日本放送出版協会、一九九二年。

Ancient Nepal, Journal of the Department of Archaeology Nos. 130-133, June-January 1992-93.

Först, Hans, *Verbotene Königreiche im Himalaya.* Graz: Weishaupt Verlag, 1994.

Gruber, Albert, *Mustang, Nepals verborgenes Königreich öffnet seine Tore.* Vahrn, 1994.

Henss, Michael, *Mustang, Tibetisches Königreich im hohen Norden Nepals.* Ulm: Fabri, 1993.

Jackson, David P., *The Mollas of Mustang, Historical, Religious and Oratorical Traditions of the Nepalese-Tibetan Borderland.* Dharamsala : Library of Tibetan Works & Archives, 1984.

Macdonald, Alexander W., "A Tibetan Guide to Some of the Holy Places of the Dhaulagiri-Muktinath area of Nepal." In *Studies in Pali and Buddhism*. Delhi, 1979.

Matthiessen, Peter & Thomas Laird, *East of Lo Monthang in the Land of Mustang.* New Delhi : Timeless Books, 1995.

Neumann, Helmut F., "The Wall Paintings of the Lori Gonpa." *Orientations* XXV/11, 1994.

Peissel, Michel, *Mustang, A Lost Tibetan Kingdom*. Delhi : Book Faith India, 1992.

Rai, Ratan Kumar, *Along the Kali Gandaki, The Ancient Salt Route in Western Nepal.* Delhi : Book Faith India, 1994.

Snellgrove, David L., *Himalayan Pilgrimage, a study of Tibetan Religion by a Traveller through Western Nepal.* Oxford : Bruno Cassirer, 1961.（吉永定雄訳『ヒマラヤ巡礼』白水社、一九八一年）

Tucci, Giuseppe, *Journey to Mustang 1952.* Kathmandu : Ratna Pustak Bhandar, 1977.（黄寅秀訳『ネパールの秘境ムスタンへの旅』せりか書房、一九八四年）

Tucci, Giuseppe, *Preliminary Report on Two Scientific Expeditions in Nepal.* Roma : Is. M. E. O., 1956.

Vitali, Roberto, "On Byams pa and Thub chen lha khang of Glo sMon thang." *The Tibetan Journal* Vol. XXIV No.1, 1999.

ナ 行

ハ 行

タ　行

人名・寺名・地名索引

ムスタン　曼《まん》荼《だ》羅《ら》の旅《たび》

2001年1月25日　初版印刷　2001年2月7日　初版発行

著　者　写真　松《まつ》井《い》　亮《あきら》
　　　　文　　奥《おく》山《やま》直《なお》司《じ》

発行者　中　村　　仁

発行所　中央公論新社
〒104-8320　東京都中央区京橋2-8-7
電話　販売部　03-3563-1431
　　　編集部　03-3563-3664
振替　00120-5-104508

印　刷　三晃印刷　　　　カバー印刷　大熊整美堂
製　本　小泉製本

ISBN4-12-003111-X C0095

定価はカバーに表示してあります。
落丁本・乱丁本はお手数ですが小社販売部宛お送り下さい。
送料小社負担にてお取り換えいたします。